# WIE MAN'S
## SAGT
## UND
## SCHREIBT

# WIE MAN'S SAGT UND SCHREIBT

**HANS-WILHELM KELLING**

*Brigham Young University*


**MARVIN H. FOLSOM**

*Brigham Young University*

**HOLT, RINEHART AND WINSTON**

*New York      Toronto      London*

Library of Congress Catalog Card Number: 79-140659

PRINTED IN THE UNITED STATES OF AMERICA
ISBN: 0-03-086741-X

2 3 4 5 6 7 8    090    9 8 7 6 5 4 3 2 1

# PREFACE

Several years of experimentation in college classes have convinced us that students write a better composition and prepare better oral reports, from the point of view of both structure and content, if they are given certain basic materials with which they can work. It is fairly difficult for the non-native speaker to compose an essay or prepare a discussion on specific subject matter without having been exposed to phrases, idiomatic expressions and vocabulary in context. A dictionary, even the *Duden Stilwörterbuch*, is often of little help. Our text intends to make the student's task more enjoyable by presenting to him a large representative sampling of vocabulary and expressions on a certain subject in the context of a sentence, so that he may observe the correct usage. By observing the models the student is assured of writing and speaking idiomatically correct German. He is, of course, encouraged not to copy entire sentences but to assemble his own by putting the pieces together. Since he is freed from searching laboriously for vocabulary and from some of the worry of correctly forming a sentence, he can now concentrate on writing grammatically correct paragraphs and on presenting his thoughts coherently, in an organized manner and in good style.

The student is advised to read the introductory sections very carefully because some basic problems encountered by the beginning essay writer are discussed here. He should work through the programmed sections on punctuation, capitalization and syllable division frame by frame before written work is attempted. A cursory reading without active involvement on the part of the student means that he has not mastered the material. Best results will be obtained if he records his answer (preferably in pencil) in each frame before looking at the answer provided below, and going on to the next frame.

Following the German proverb, ,,Übung macht den Meister", we have prepared a considerable number of exercises in the Introductory Section and in the Additional Exercises. We are convinced that many texts do not provide enough exercises to assure mastering of the principle discussed.

Although the first part of the book has been prepared specifically for the beginning and intermediate essay writer, the topics lend themselves also to oral discussion. At the end of each topic section we have provided several suggestions for written and spoken exercises. The instructor is invited to choose from among the suggestions and assign a certain subject for either a written or an oral report or for both. Our experience has shown that students enjoy structured group discussion, panel discussion or debates. The suggestions add a great deal of variety to the written and spoken treatment of a specific assignment. We have chosen a variety of topics, some of a controversial nature to stimulate thought and discussion, others of the everyday variety. All topics are of current interest. The more basic sections occur at the beginning, while those toward the end are more challenging. We have attempted not to take sides on the issues, but to present the material as objectively as possible. We are aware that not all questions and problems will be solved by the material in this collection and that the subject lists may not be inclusive enough. We invite instructors and students to add their own expressions to the lists by perusing current publications and by listening to native speakers on radio programs, in films and lectures, or abroad if they have the opportunity to travel. Suggestions and ideas for future editions are solicited by the authors.

H.W.K.

M.H.F.

# CONTENTS

# Introductory Section

# Suggestions on Writing a Composition in German

The night before the theme for his German class is due, John sits down and composes a theme in English. It is rather complicated and long, but he translates it piece by piece into German. It takes him a long time. He then copies it onto clean paper and puts it with his books so that he will not forget it the next morning. It is with some satisfaction that he turns his theme in the next day, but his satisfaction turns to disappointment when his paper is returned to him with a "D" on it.

What was wrong with the way John went about writing his theme? First of all, he started too late. Work on a theme should begin *at least* one week before it is to be turned in. This additional time allows you to set it aside after you have done the first draft and think about something else for a day or two. Then you can examine your theme with another's eyes. It will help you to see some of the flaws you were unable to see when you were engaged in the creative process of putting your ideas down on paper. The second mistake John made was to compose his theme in English and then translate it into German. Though you may think the theme was simple in English, it will undoubtedly turn out that the German you come up with is much more complicated than you can adequately handle at this stage. John made an additional mistake in not proofreading the theme before turning it in. Let us list some hints which we feel will be helpful in preparing a theme.

1) Start early. Allow yourself plenty of time.

2) Use only vocabulary and syntax that you are sure is accurate. This will probably mean that you will for the most part restrict yourself to the pattern sentences listed under a given topic plus whatever other related vocabulary you are thoroughly familiar with. Wandering into unfamiliar territory will inevitably bring mistakes, complications and inaccuracies.

3) Prepare a skeleton for your composition by writing down in German a list of simple statements on the subject. From here you can begin to elaborate. You can expand the basic statements by adding adjectives

and adverbs, by varying the word order and joining the simple sentences together. When you get through, you should have simple, straightforward, accurate German. Of course, it cannot compare with what you are able to write in English, but you must realize that you are not yet at a stage in German that is even close to what you can do in English.

4) Set your work aside for at least a day or two and think about something else for a while.

5) After this cooling-off period look at your theme again and see if it is what you really wanted to say. You will invariably find passages that you want to change. After making the appropriate changes, read through the theme several times, each time checking for *one* specific item: logical connection between sentences and paragraphs, spelling, punctuation, adjective endings, word order and any other grammatical item that you are unsure of. Remember, check through for only one item at a time. If you look for two or three things at once you will overlook something. After you have checked through the theme in this way it should be ready to be turned in, and you can almost be sure that it will not be returned with a "D."

# COMPOSITION CHECK LIST

1. Punctuation and Spelling. Check any problem in the section on punctuation in this book. For further information see *Duden, Rechtschreibung,* the standard reference on German spelling and punctuation. Most dictionaries also have a section on spelling and punctuation.

2. Forms of Nouns. Be sure you can understand the information listed in the dictionary.

   a. The first entry after a masculine or neuter noun is the genitive singular.

   b. If the genitive singular is **-en** (or **-n**), there is an **-en** (or **-n**) in all cases in the singular except the nominative; e.g. der Mensch, des Mensch**en**, dem Mensch**en**, den Mensch**en**.

   c. The second entry is for all cases of the plural except the dative.

d. You must add **-n** for the dative plural unless the noun already ends in **-n** or **-s** in the nominative plural; e.g. die Bücher, den Bücher**n**; die Frauen, den Fraue**n**; die Autos, den Autos.

e. Feminine nouns have no separate forms for the genitive singular, and therefore only the plural form is listed for feminine nouns (Frau, **-en**).

f. Look up the last part of a compound noun (Gewerkschafts**haus**).

g. Don't overlook indications that a noun has the endings of an adjective (Angestellte (**-r**), *m.*; der Geistliche, **-n/-n**, ein **-er**).

If you have any questions, check the explanations in the front of your dictionary. Some less expensive dictionaries don't contain information on plurals. Be sure that yours does.

3. Forms of Verbs. Usually there is a list of strong verbs somewhere in the dictionary. Occasionally they are listed in the entry itself along with the infinitive. Make sure that the dictionary you have contains the forms of the strong verbs. It should also indicate whether a particular verb has **haben** or **sein** as its perfect auxiliary. Sometimes a verb will have two different meanings and use **haben** for the perfect in one meaning (**Er hat die Grenze passiert**) and **sein** for the perfect in the other (**Was ist passiert?**). Be sure to check it, if you are in doubt.

4. What Words Go Together? If you want to know what adjectives are used with a particular noun or what other words are used with a particular verb, look it up in *Duden, Stilwörterbuch*. For instance, **stabile, feste, erschwingliche, herabgesetzte Preise** or **jemanden in seinem Leid trösten, jemanden über ein Unglück trösten, dieser Gedanke tröstet mich.**

5. Synonyms. There are several works that will help you in this area: *Duden, Synonymwörterbuch*; *Sag es treffender* or *Das treffende Wort* and others. A few cautions may be helpful at this point. Try to be consistent within the level and style of language you have selected for your theme. Don't mix levels. For instance, don't use a poetic word in the conversation of young children and don't use a dialect form when you are working with elevated prose. Beginners frequently make mistakes of this sort because they fail to distinguish levels or do not check on it. When you are discussing a particular subject, use those expressions which are appropriate to that subject.

**6.** General Suggestions. Don't translate from English. Avoid stereotyped patterns (particularly English ones), especially if they lead to complicated constructions. Keep it simple and straightforward. If you can't find an appropriate way of saying something, ask your instructor (at least two days before the theme is due).

EXAMPLES:

Es ist nicht leicht, über diese Dinge zu sprechen.    *It isn't easy to talk about these things.*

Better: Es ist nicht leicht, darüber zu sprechen.

Es ist gerade das Ding, das wir benötigen.    *It's just the thing we need.*

Better: Es ist gerade das, was wir benötigen.

Es zeigt sich, daß, wenn — wie wir noch besprechen werden — die Menschheit einmal die Vernunft verlieren sollte, die Atombombe die Welt zerstören wird.    *It is evident, that if — as we will discuss later on — humanity were to lose its reason, the atom bomb will destroy the world.*

Better: Es zeigt sich, daß die Atombombe die Welt zerstören wird, wenn die Menschheit einmal die Vernunft verlieren sollte, wie wir noch besprechen werden.

Even Better: Folgendes steht fest: Wenn die Menschheit die Vernunft verlieren sollte (dies werden wir noch besprechen), wird die Atombombe die Welt zerstören.

...weil, wie uns Herr M. mitgeteilt hat, wir erst morgen nach Frankfurt fahren.    *...because, as Mr. M. indicated to us, we are not going to Frankfurt until tomorrow.*

Better: ... weil wir, wie uns Herr M. mitgeteilt hat, erst morgen nach Frankfurt fahren; *or:* ... weil wir erst morgen nach Frankfurt fahren, wie uns Herr M. mitgeteilt hat.

Es gab eine Zeit, wo ich gern Fußball spielte.    *There was a time when I liked to play soccer.*

Better: Früher habe ich gern Fußball gespielt.

**7.** The Use of Tenses.

a. *Imperfect and Present Perfect*

Frequently the inexperienced essay writer (and speaker) has problems with the use of the German imperfect and present perfect tenses. To be sure, both are used to describe actions or events of the past, but while the present perfect tense refers to a single event that has taken place, the imperfect expresses two or more acts that occurred in the past. Thus, it is the tense used to narrate past events. Since this is what the student may be doing when he writes on such topics as ,,Beim Arzt'', ,,Die Autopanne'', ,,An der Grenze'', ,,Zeuge eines Unfalls'', etc., he will very likely use the imperfect tense.

EXAMPLE:

Neulich war mein Bruder in der Stadt. Er ging die Hauptstraße entlang und blieb vor einem Schaufenster stehen. Plötzlich hörte er das scharfe Quietschen von Bremsen und dann einen lauten Knall. Er drehte sich schnell um und sah gerade noch, wie ein kleiner Personenwagen in den Anhänger der Straßenbahn fuhr und dann zur Seite geschleudert wurde.

It is readily discernible that the present perfect tense is much too cumbersome for this type of reporting. However, since it is used mostly in spoken language, it may be used in dialogue interwoven in the narration.

EXAMPLE:

Am letzten Sonntag machten wir einen Ausflug in die Berge. Mein Freund Peter saß am Steuer. Neben ihm saß seine Freundin Erika. Ursula, eine Bekannte, die ich erst vor kurzem kennengelernt hatte, und ich, saßen hinten. Wir hatten gerade die Autobahn verlassen und bogen in die Bergstraße ein, als ich einen lauten Knall hörte. Peter hielt den Wagen an und stieg aus. Ich hörte ihn rufen: ,,Steigt aus, der Reifen ist geplatzt!'' Ich dachte bei mir: ,,Hoffentlich haben wir den Reservereifen mitgebracht.'' ,,Hast du den Schlüssel zum Kofferraum?'' fragte mich Peter. Ich suchte in den Taschen meines Rocks, aber ich konnte den Schlüssel nicht finden. ,,Ich habe ihn vergessen'', sagte ich mit kläglicher Stimme und schaute Ursula hilfesuchend an.

,,Du hast ihn vergessen?'' riefen Peter und Erika.

,,Du hast ihn doch heute morgen noch gehabt?''

The narrative parts are written in the imperfect tense while some of the dialogue is written in the present perfect tense.

Sentences with a form of **sein, haben** or a modal auxiliary may also use the imperfect tense in dialogue.

EXAMPLE:

,,Ich war bei ihr und habe getan, was ich konnte.‘‘

b. *Present Tense*

In writing an essay on a subject of current interest such as ,,Das Rassenproblem‘‘, ,,Studentenunruhen‘‘, ,,Meine Zukünftige‘‘, etc., the writer may want to choose the present tense to capture the feeling of urgency or immediacy.

EXAMPLE:

Heute abend habe ich eine Verabredung mit Brigitte. Ich kenne sie schon seit einem halben Jahr und mag sie eigentlich sehr gern. Wahrscheinlich hält Brigitte auch ziemlich viel von mir, sonst würde sie sicher nicht mit mir ausgehen. Wenn ich mich nun eines Tages richtig in Brigitte verliebe, muß ich sie dann heiraten? Das ist eine seltsame Idee. Ans Heiraten habe ich noch gar nicht gedacht, aber meine Mutter hat mir neulich geraten, daß ich mir ruhig Gedanken darüber machen sollte, was für eine Frau ich einmal heiraten möchte.

Stelle ich mir doch einmal die Frage: Was gefällt mir an einem Mädchen und was stößt mich ab? Was erwarte ich von meiner Zukünftigen? Muß sie reich oder schön sein, oder ist das nicht so wichtig? Sicher hat es seine Vorteile, wenn man viel Geld hat, aber bringt Geld allein Glück und Zufriedenheit? . . .

Note on use of this section: In each of the large boxes a point of punctuation or usage is explained. If there is a question at the bottom of the box, you should write down your answer and then compare it with the answer provided in the small box which is to the lower left of the box you just read.

# PUNCTUATION

## A. INTRODUCTION

*When we speak any language we do not use marks of punctuation. The sentence melody, among other things, tells us what we need to know. When we write a language, like English or German, we make use of punctuation marks to help us understand the sentence, i.e., to tell how it would be spoken. Both English and German have such marks of punctuation, but there are certain differences with respect to their use.*

|   |   |   |
|---|---|---|
| . | der Punkt | = *the period* |
| ! | das Ausrufezeichen | = *the exclamation mark* |
| ? | das Fragezeichen | = *the question mark* |
| , | das Komma | = *the comma* |
| ; | das Semikolon | = *the semicolon* |
| : | das Kolon | = *the colon* |
| „ " | die Anführungszeichen | = *the quotation marks* |
| — | der Gedankenstrich | = *the dash* |

*There are three kinds of sentence melody that these marks of punctuation are meant to convey: (1) the pitch at the end is fading and indicates the end of an utterance; (2) the pitch at the end is sustained and indicates that the utterance is not completed but will be continued; and (3) the pitch at the end is rising and indicates a question. The first is called terminal punctuation and is best exemplified by a period. The second represents a continuation and is most often represented by a comma. The third is called interrogative and of course is represented only by the question mark. The other marks represent special varieties and combinations of these three basic patterns.*

## B. THE PERIOD

### 1. Statements

Er ist hier.

Ich komme heute.

Heute regnet es.

The three sentences above are spoken with the pitch fading at the end. The mark of punctuation at the end is a [comma/ period].

*period*

### 2. Direct Discourse     Indirect Discourse

| Direct Discourse | Indirect Discourse |
|---|---|
| Willst du mitkommen? | Er fragte ihn, ob er mitkommen wollte. |
| Hüte dich! | Er rief ihm zu, er sollte sich hüten. |
| Er ist krank. | Er sagte, er wäre krank. |
| Wäre ich nur tot! | Er wünschte, er wäre tot. |

The examples in the column labeled "indirect discourse" have [the same/different] marks of punctuation.

| | |
|---|---|
| *different* | 3. Those in the column labeled "indirect discourse" are all followed by a [period/comma]. |
| *period* | 4. Sonntag, den 15. April<br><br>sein 8. Wettkampf<br><br>Friedrich II., König von Preußen<br><br>After each of the numbers in the above examples there is a [comma/period]. |
| *period* | 5. These numbers are called ordinal numbers. We can now say that [cardinal/ordinal] numbers are followed by a period. |
| *ordinal* | 6. (a) i.A.  (= im Auftrag)<br><br>m.E.  (= meines Erachtens)<br><br>Dr.  (= Doktor)<br><br>usw. (= und so weiter)<br><br>(b) DDR (spoken: de-de-érr) = Deutsche Demokratische Republik<br><br>Gmbh (ge-emm-be-há)=Gesellschaft mit beschränkter Haftung<br><br>KG (ka-gé) = Kommanditgesellschaft<br><br>The abbreviations in group (a) are followed by a period and those in group (b) are not. The ones in [group (a)/ group (b)] are spoken as independent words, that is, as though they had together formed a new word. |
| *group (b)* | 7. In the last frame we learned that abbreviations generally are followed by a ____. |

| | |
|---|---|
| *period* | 8. Abbreviations, however, that are spoken as independent words are not followed by a period.<br><br>20 m = zwanzig Meter    (measure)<br>100 g = hundert Gramm    (weight)<br>DM 2,45 = D-Mark 2,45    (monetary unit)<br>Na = Natrium    (chemical element)<br>SSW = Südsüdwest    (point of the compass)<br><br>The abbreviations above [are/are not] followed by a period. |
| *are not* | 9. Which one of the following kinds of abbreviations is followed by a period?<br><br>weights, measures, monetary units, points of the compass, chemical elements, ordinal numbers |
| *ordinal*<br>  *numbers* | 10.<br>DM 5,- (*or* 5,- DM)    $5.00<br>3,1416    3.1416<br>2,3%    2.3%<br><br>In each of the German examples there is a comma where in English we would expect a ____. |
| *decimal point*<br>  (*a period*) | 11.<br>3 560 783 DM    $3,560,783<br>*or* DM 3 560 783<br><br>A comma marking off thousands and millions in English is replaced by a ____ in German. |
| *space* | 12. There are two ways to indicate times of the day.<br><br>6.30 Uhr<br><br>6$^{30}$ Uhr<br><br>Which of the two is easier to type? |

**6.30 Uhr**

13. (a) Sie bringen mir das Buch.

    (b) Bitte bringen Sie mir das Buch.
        Bringen Sie mir bitte das Buch.

    (c) Bringen Sie mir das Buch!

    (d) Bringen Sie mir das Buch?

We saw earlier that a statement, as in (a), usually has a period at the end; (b) is a polite request employing the word **bitte**. Note that it too has a period at the end. However, if the sentence is said as a command (usually with emphasis), an exclamation mark is placed at the end, as in (c). This allows us to distinguish in writing between two kinds of sentences which have the verb first. Example (c) is a command (!) and (d) is a question (?). The word **bitte** in the polite request [is/is not] set off by commas.

---

*is not*

## C. THE EXCLAMATION MARK

14. Pfui!

    Iiii!

    Nein!

    Sehr geehrter Herr!

    Wer weiß!

    Wer hätte das gedacht!

    Gib das sofort her!

    Alle hierher blicken!

    Achtung!

The examples indicate that the exclamation mark is used after exclamations and commands. The exclamation mark is also used after some sentences that look like questions but are spoken as exclamations (**Wer weiß!**). The exclamation mark [is/is not] used after a form of address in a letter.

*is*

# D. THE QUESTION MARK

15. Kennst du ihn nicht?

    Wo wohnt sie?

    Warum?

    Wer weiß?

    The question mark is used after [direct/indirect] questions.

---

*direct*

16. Indicate the words after which there should be a period.

    (a) Sein erstes Kind kam am 3 März 1961 zur Welt

    (b) Wir fragten, wohin sie gehen sollten

    (c) Der Bundesrat hat die Entlastung für 1960 in seiner 265 Sitzung am 7 Februar 1964 erteilt

---

(a) **3. Welt.**
(b) **sollten.**
(c) **265. 7. erteilt.**

17. Indicate the appropriate marks of punctuation with the words to which they apply.

    (a) Georg V

    (b) Was hat sie gesungen

    (c) Bringen Sie mir bitte das Buch

    (d) Sehr geehrter Herr Moschelwisch

    (e) Oh

    (f) Er fragte, ob ich krank wäre

    (g) Ach

    (h) Können Sie das nicht

    (i) usw

    (j) Sonntag, den 15 April

    (k) Alle aufstehen

(a) **V.**
(b) **gesungen?**
(c) **Buch.**
(d) **Moschelwisch!**
(e) **Oh!**
(f) **wäre.**
(g) **Ach!**
(h) **nicht?**
(i) **usw.**
(j) **15. April**
(k) **aufstehen!**

---

## E. THE COMMA

18. Feuer, Wasser und Luft.

Amsel, Drossel, Fink und Star fanden sich ein.

Sie tischte morgens, mittags und abends auf.

Iller, Lech, Isar und Inn sind Nebenflüsse der Donau.

Im Ruderboot sitzen Hans, Walter, Volker und Michael.

Das Städtchen hat schöne, breite, schattige Anlagen.

The comma is used to separate parts in a series but [is/is not] placed before **und** in such a series.

---

*is not*

19. The comma also separates adjectives in a series (the last example above). However, in some cases the adjectives are not really in a series. Whether or not they are in a series can be determined by rearranging the sentence as follows:

(a) das lustige, kluge Mädchen
 = das Mädchen ist lustig und klug

(b) das lustige rheinische Mädchen
 = das rheinische Mädchen ist lustig
 (*not:* das Mädchen ist lustig und rheinisch)

If you can make the first kind of rearrangement with **und**, then [place/do not place] a comma after the adjective.

---

*place*

20. Karl, kommst du mit?

Diese Haltung, Herr Schulze, verbitte ich mir.

Das ist meine Meinung, Herr Direktor.

These examples show forms of address set off by commas. A form of address at the beginning of a sentence has a comma [preceding/following].

| | |
|---|---|
| *following* | 21. A form of address at the end of a sentence has a comma ——. |
| *preceding* | 22. A form of address in the middle of a sentence has commas ——. |
| *preceding and following* | 23. In addition to forms of address, other sentence elements are set off by commas. |

23. In addition to forms of address, other sentence elements are set off by commas.

(a) Nein, das kann ich nicht!
Ja, ich werde kommen.
Nun, Sie müssen den Beamten fragen.   } sentence words
Ach, ich möchte nicht.
Danke, das wäre sehr nett.

(b) Mittwoch, den 25. Juni, 20 Uhr
findet die Sitzung statt.
Schreiben Sie bitte an die Firma   } dates, cities, streets
Müller, Hamburg, Langer Weg 7.
Fragen Sie bitte bei Gebr. Stamm,
Bonn, Poststr. 4, an.

(c) Hans, sein guter Kamerad, war
gestorben.   } appositives
An der Elbe liegt Hamburg, die
alte Hansestadt.

(d) Er hat Geld, aber wenig.
Viele Länder Afrikas, z. B. Ägypten
und der Sudan, waren früher englische
Kolonien.   } other additions
Ihr, d. h. Werner und Karl, seid
damit gemeint.
Das Jahr hat zwölf Monate, nämlich
Januar, Februar, März usw.

(e) Bitte, bringen Sie mir das Buch!
Bitte bringen Sie mir das Buch.   } **bitte,** if stressed
Wenden Sie sich, bitte, an uns!
Wenden Sie sich bitte an uns.

Immediately after the words **z. B., d. h.** and **nämlich** (group d) there is a comma. (True/false)

*false*

24. (a) Daß er kommt, ist sicher.
Ich weiß, daß es zu spät ist.
Er arbeitet, bis der Morgen graut.

(b) Er fragte ihn, wo er wohnte.
Sie fragten ihn, ob er mitkommen wollte.
Wo er wohnt, will ich wissen.

(c) Er ist ein Mann, dessen Beispiel anspornt.
Hunde, die viel bellen, beißen nicht.
Wer nicht hören will, muß fühlen.

In the clauses that begin with **daß** and **bis** (group a), the finite verb (**kommt, graut**) comes (first/last)

*last*

25. A clause with a verb on the end is called a subordinate (or dependent) clause. All subordinate clauses are set off by commas. Subordinate clauses may be introduced by subordinating conjunctions (group a), interrogative pronouns (group b), or relative pronouns (group c).

26. There is a special variety of subordinate clause in which the finite verb is second, not last. It is, however, still set off by commas.

Ich weiß, es ist zu spät.

27. Ich singe, wie ein Vogel singt. | Ich singe wie ein Vogel.

Ich bin größer, als du es bist. | Ich bin größer als du.

Er ist nicht so stark, wie Ludwig es ist. | Er ist nicht so stark wie Ludwig.

The sentences on the left contain a subordinate clause set off by commas. They are introduced by **wie** and **als**, and the finite verb is at the end (**singt, bist, ist**). The sentences on the right [contain/do not contain] a subordinate clause and therefore [are/are not] set off by commas.

| | |
|---|---|
| *do not contain;*<br>*are not* | 28. Fasziniert (*pp.*) schaute er zum Fenster hinaus.  Von der Pracht des Festes fasziniert, schaute er zum Fenster hinaus.<br><br>Er verließ hustend (*pres. part.*) das Theater.  Er verließ, laut hustend, das Theater.<br><br>Wir beabsichtigen auszuverkaufen. (*inf.*)  Wir beabsichtigen, alles auszuverkaufen.<br><br>The infinitive and participles on the left are not set off by commas, whereas those on the right are. How do the ones on the left differ from those on the right? |
| *They are unmodified,*<br>*stand alone.* | 29. We can say that participles which are not modified and infinitives which stand alone are not set off by commas, and that modified participles and infinitives which do not stand alone are set off by commas. According to this rule, the separable prefix (**aus-** in the last example) counts [as part of the infinitive/as a modifier of the infinitive]. |
| *as part of the infinitive* | 30. (a) Er fing zu fluchen an.  (b) Er fing an zu fluchen.<br><br>(c) Er hat sie zu überreden versucht.  (d) Er hat versucht, sie zu überreden.<br><br>Examples (a) and (b) are not set off by commas because the infinitive ＿＿. |
| *stands alone* | 31. Example (d) has a comma because the infinitive is ＿＿. |
| *preceded by other*<br>*words or modified* | 32. Example (c) has an infinitive which acts as a modifier (**sie** is the object of **zu überreden**), and yet it is not set off by a comma. Can you guess why? |

| | |
|---|---|
| *because it is enclosed within the two parts of the verb* **hat** . . . **versucht.** | 33. An infinitive which modifies or does not stand alone is (set off/not set off) by commas if it is enclosed by the two parts of the verb in the main clause. |
| *not set off* | 34. Ich fange jetzt an zu leben.    Ich esse, *um* zu leben.<br>Er beginnt zu essen.    Wir arbeiten, *ohne* zu essen.<br>Er versucht zu singen.    Er ruht, (*an*) *statt* zu arbei-<br>ten.<br><br>The examples on the left [are/are not] set off by commas, and the examples on the right [are/are not]. |
| *are not; are* | 35. All infinitives introduced by the words ____, ____ and ____ are set off by commas. |
| **um, ohne, (an)-statt** | 36. Euch zu helfen ist meine Pflicht.<br><br>Es ist meine Pflicht, euch zu helfen.<br><br>Meine Pflicht ist, euch zu helfen.<br><br>An infinitive modifier is not set off by commas if it is used as the subject of the verb **sein** and [precedes/follows] it. |
| *precedes* | 37. Hier haben Sie nichts zu suchen.<br><br>Er ist nicht zu ertragen.<br><br>Sie pflegte schöne Geschichten zu erzählen.<br><br>Ich brauche dir nichts zu verraten.<br><br>Er scheint gern zu arbeiten.<br><br>The five verbs above are not separated by commas from the infinitive:<br><br>**haben** + **zu** + infinitive<br><br>**sein** + **zu** + infinitive |

**pflegen** + **zu** + infinitive

**brauchen** + (**zu** +) infinitive

**scheinen** + **zu** + infinitive

They are actually used like modal auxiliaries and, of course, modal auxiliaries are not set off by commas.

---

38. Er grübelte und grübelte.     Ich kam, ich sah, ich siegte.

Die Kuh ist vollständig mit Leder überzogen und hat am Ende ihres Schwanzes eine Fliegenklatsche.     Die Kuh ist vollständig mit Leder überzogen, und sie hat am Ende ihres Schwanzes eine Fliegenklatsche.

Aus dem Bach quollen weiße Nebel und krochen über die Wiesen.     Aus dem Bach quollen weiße Nebel, und sie krochen über die Wiesen.

Sie bestiegen den Wagen und fuhren nach Hause.     Wir singen ein Lied, und wir trinken den Wein.

The examples on the left [have/do not have] a comma before **und**.

---

*do not have*

39. In the last example on the left, **bestiegen** and **fuhren**, [have/do not have] the subject **sie** in common.

---

*have*

40. In the last example on the right, **singen** and **trinken** have a common subject. [True/false] In this sense "have a common subject" means to have the "identical" subject, not two different examples of the "same" subject.

---

*false*

41. The punctuation before **oder, wie, sowohl-als auch, weder-noch, entweder-oder, als** is the same as that described for **und**.

Heute oder morgen kommt unsere Großmutter zu uns.

Das Haus war außen wie innen reparaturbedürftig.

Er studierte sowohl Philosophie als auch Literatur.

Ich kann mich weder an das Klima noch an die Menschen hier gewöhnen.

Er muß sich entweder für sie oder für ihn entscheiden.

Er ist fast so groß wie ich.

Er ist viel stärker als ich.

Indicate commas and periods where appropriate in the following sentences.

42. Allzu straff gespannt zerspringt der Bogen

| | |
|---|---|
| **gespannt, Bogen.** | 43. Alles was sie hatte war gestohlen worden |
| **alles, hatte, worden.** | 44. Wer wagt gewinnt |
| **wagt, gewinnt.** | 45. Das war ein Fest das ich nie vergessen werde |
| **Fest, werde.** *or* **werde!** | 46. Auch du Karl gehörst zu uns |
| **du, Karl, uns.** | 47. Natürlich bin ich einverstanden |
| **einverstanden.** | 48. Natürlich ich bin einverstanden |
| **Natürlich, einverstanden.** | 49. Sie schlief vom Marsch ermüdet gleich ein |
| **schlief, ermüdet, ein.** | 50. Es ist jedem möglich an einem der Ausflüge teilzunehmen |

| | |
|---|---|
| **möglich,<br>    teilzunehmen.** | 51. Im Garten blühen Tulpen Flieder Goldregen und Schnee-<br>bälle |
| **Tulpen, Flieder,<br>    Schneebälle.** | 52. Herr Appelwein die Gefahr erkennend sprang sofort ein |
| **Appelwein,<br>    erkennend, ein.** | 53. Sie sollen den Brief an Herrn Bake Münster Salzstraße 3<br>weitersenden |
| **Bake, Münster, 3,<br>    weitersenden.** | 54. Nein das mache ich nicht! |
| **Nein,** | 55. Jeder muß tun was er nicht lassen kann |
| **tun, kann.** | 56. Hei wie das geht! |
| **Hei,** | 57. In der Hoffnung Dich bald wiederzusehen grüße ich Dich<br>herzlichst |
| **Hoffnung,<br>    wiederzusehen,<br>    herzlichst.** | 58. Es ist das erste Mal daß ich diese Stadt besuche |
| **Mal, besuche.** | 59. Das ist der Wagen von Herrn Stumpf dem berühmten<br>Rennfahrer |
| **Stumpf, Rennfahrer.** | 60. Sie hat helle scharfe Augen |

| | |
|---|---|
| **helle, Augen.** | 61. Das lustige rheinische Mädchen ging weiter |
| *No comma! See frame 19.*<br>**weiter.** | 62. Herr Unke unser Hausmeister machte auf |
| **Unke, Hausmeister, auf.** | 63. Weder hat er das gewußt noch hat sie es geahnt |
| **gewußt, geahnt.** | 64. In der Kurve d. h. auf unübersichtlicher Wegstrecke wollte er ihn überholen |
| **Kurve, -strecke, überholen.** | 65. Sanduhren werden gelegentlich auch heute noch verwandt z. B. in der Küche als Eieruhren |
| **verwandt, Eieruhren.** | 66. Sie kauft das Bild und er rahmt es ein |
| **Bild, ein.** | 67. Er gewann den ersten Preis einen silbernen Pokal |
| **Preis, Pokal.** | *F. THE SEMICOLON*<br><br>68. Dieser fruchtbare Landstrich trägt Roggen, Gerste, Weizen; Kirschen, Pflaumen, Äpfel; Tabak und Hopfen.<br><br>**Weizen**, *wheat*, and **Gerste**, *barley*, are more alike than **Weizen** and **Kirschen**, *cherries*. [True/false] |
| *true* | 69. In order to show which elements of an enumeration are alike and belong together, we use a ____. |

| | |
|---|---|
| *semicolon* | ## G. THE COLON<br><br>70. Er sagte: „Ich habe keine Zeit."<br><br>Er fragte: „Wohin sollen wir gehen?"<br><br>Sie rief: „Kommt hierher!"<br><br>In the above examples the mark of punctuation just preceding the first quotation marks is a ____. |
| *colon* | 71. This differs from our English habit of placing a ____ before a direct quotation. |
| *comma* | 72. Besides preceding a direct quotation, the colon is also used to introduce announced enumerations.<br><br>Die Namen der Monate sind: Januar, Februar, März usw.<br><br>Ich kenne einige Nebenflüsse der Donau: Iller, Lech, Isar, Inn. |
| | ## H. THE DASH<br><br>73. Schweig, du —!<br><br>Du bist ein gemeiner —!<br><br>The sentences above are incomplete. What would you guess is missing? |
| **Hund** *or some other noun* | 74. To show that the speech has been interrupted, we use a ____. |

| | |
|---|---|
| *dash* | 75. Parenthetical elements which emphasize what is being said are also set off by dashes.<br><br>Es war—und ich darf das in diesem Kreise aussprechen—der stolzeste Augenblick meines Lebens. |
| | 76. The commonest use of the dash is not to show interrupted speech nor to set off emphatic parenthetical elements. Observe the following:<br><br>„Ich komme morgen.'' —„Ach, das paßt uns gar nicht.'' —„Na, dann eben ein andermal.''<br><br>How many people are speaking? |
| *two* | 77. How are we informed that someone else is speaking? |
| *by means of a dash* | 78. In English we begin a new paragraph to show a change of speaker. |

## I. THE QUOTATION MARKS

79. Quotation marks[1] are used much as in English to cite words, titles and quotations.

Das Wort „Rhythmus'' ist schwer zu schreiben.

In der Oper wurde „Lohengrin'' gegeben.

Du bist mir ein „Held''.

---

[1] In handwritten or typewritten German the first set of quotation marks may be on the line („) or raised (''). In printed German they are usually on the line. See *Duden, Rechtschreibung* for details.

80. (a) „Es ist möglich", sagte er, „daß wir noch heute abreisen."

(b) „Wer liebt, muß leiden", lautet ein bekanntes Sprichwort.

(c) Er erwiderte: „Jeder hat sein eigenes Urteil."

(d) Wir lasen Goethes „Braut von Korinth".

(e) Das Buch „Vom Winde verweht" fesselte mich.

(f) „Wie geht es dir?" redete er ihn an.

(g) Er fragte mich: „Weshalb darf ich das nicht?"

(h) Wer kennt das Gedicht „Der Erlkönig"?

(i) „Verlaß mich nicht!" rief sie aus.

(j) „Niemals, niemals!" ertönte es von ihren Lippen.

(k) Laß doch dieses ewige „Ich will nicht!"!

If the entire sentence is given as a question or a command, the mark of punctuation (question mark or exclamation mark) comes (inside/outside) of the quotation marks. See (h) and (k).

---

*outside*

81. A comma always comes [before/after] the quotation marks. See (a) and (b).

---

*after*

82. If only a portion of the sentence is given as a question or a command, the mark of punctuation comes [outside/inside] of the quotation marks. See (f), (g), (i), (j).

---

*inside*

In the sentences below indicate the appropriate marks of punctuation:

83. Der Tankwart verkaufte Benzin Autoöl und Putzmittel Zigaretten Pfeifentabak und Zigarren.

| | |
|---|---|
| **Benzin,**<br>   **Putzmittel;**<br>   **Zigaretten,** | 84. Sie rief Kommt jetzt hierher |
| **rief:**<br>   **„Kommt...**<br>   **hierher!"** | 85. In den Schulen wird auch viel Leichtathletik getrieben Laufen Hochsprung Weitsprung Stabhochsprung Kugelstoßen Speerwerfen usw |
| **getrieben:**<br>*comma after each noun,*<br>   *except* **Speerwerfen usw.** | 86. Wir lasen Schillers Wilhelm Tell |
| **„Wilhelm Tell".** | 87. Die wichtigsten Ämter sind Fürsorgeamt Jugendamt Gesundheitsamt Schulamt Stadtreinigungsamt Bauamt Standesamt und Wohnungsamt |
| **sind:**<br>*comma after each noun,*<br>   *except* **Standesamt**<br>   **Wohnungsamt.** | 88. Er fragte: Wo gehst du hin |
| **„Wo ... hin?"** | 89. Ich habe keine Zeit sagte er |
| **„Ich ... Zeit", er.** | 90. Man kann jeden nur erdenklichen Sport treiben Fußball Handball Schwimmen Reiten Tennis Radrennen usw |
| **treiben:**<br>*comma after each noun,*<br>   *except* **Radrennen**<br>   **usw.** | 91. Jetzt in dieser Minute beginnt das neue Jahr |

| | |
|---|---|
| **Jetzt— Minute— Jahr.** | 92. Der Kranke begann leise zu klagen. |
| **begann,** | 93. Ich verwarne Sie rief er |
| **„Ich . . . Sie!" er.** | 94. Ich muß Sie hinausstellen sagte der Schiedsrichter es ist die dritte Verwarnung |
| **„Ich . . . hinausstel- len", Schiedsrichter, „es . . . Verwar- nung."** | 95. Er beabsichtigte zu schreien |
| **schreien.** | 96. Er hörte auf zu stöhnen und zu klagen |
| **auf, klagen.** | 97. Gestern ging er an mir vorbei ohne mich anzusehen |
| **vorbei, anzusehen.** | 98. Warum fragte Inge |
| **„Warum?" Inge.** | |

# CAPITALIZATION

1. In German the first word in a sentence, the first word in a title, and the first word in a quotation after a colon are capitalized.

   Heute ist Dienstag.

   „Das Buch der Etiquette"

   Er sagte: „Jetzt verstehe ich den Satz."

---

2. Contrary to English practice, all nouns are capitalized in German. This means that a word like **Haus** is capitalized wherever it occurs.

   Das Haus ist groß.

---

3. In English we [capitalize/do not capitalize] all nouns.

---

*do not capitalize*

4. Not only are all nouns capitalized in German but also all words used as nouns are capitalized. The words **gut, neu, besonder-, nützlich, dumm** are adjectives. In the following sentences they are used as nouns.

   Ich wünsche dir alles Gute.

   Erzählen Sie uns etwas Neues.

   Es war nichts Besonderes.

   Er tat allerlei Dummes.

   Since they are used as nouns they [are/are not] capitalized. (Note that they follow the words **alles, etwas, nichts, wenig, allerlei**.)

*are*

5. Ich liebe das Schwimmen.

Dein Kommen freut mich.

Ich nehme zum Kleben Uhu.

Langes Überlegen ist nicht meine Sache.

The words **schwimmen, kommen, kleben, überlegen** are verbs. In these sentences they are used as nouns and are therefore [capitalized/not capitalized].

*capitalized*

6. Here are some other words which are used as nouns and are, of course, capitalized.

Das Gute siegt immer.

Dem Wahren, Schönen, Guten.

Selig sind die Barmherzigen.

Der Betrunkene fiel um.

Er betrachtete den Schlafenden.

Jedem das Seine.

das traute Du

das steife Sie

das Nichts

das liebe Ich

das Für und Wider

7. The reverse is also true. If a noun is not used as a noun, it is not capitalized.

der Verordnung **zufolge**

**angesichts** der Tatsache

in **bezug** auf ihn

These nouns are used as _____.

| | |
|---|---|
| *prepositions* | 8. In English the pronoun "I" is [never/always] capitalized. |
| *always* | 9. In German the pronoun **Sie**, *you*, is always capitalized. The forms **du, dich, dir, dein** and **ihr, euch, euer** are also capitalized in letters.<br><br>Mein lieber Fritz!<br><br>Damit Du nicht wieder Grund zum Brummen hast,<br><br>schreibe ich Dir schon heute.<br><br>Ich denke oft an Dich.<br><br>Deine Christel |
| | **Du, dich,** etc. and the corresponding plural forms are [never capitalized/capitalized in letters]. |
| *capitalized in letters* | 10. der Stille Ozean      the Pacific Ocean<br><br>der stille See      the peaceful lake<br><br>The first adjective is part of a geographical name (the Pacific Ocean). It is capitalized in German as well as in English. [True/false]. |
| *true* | 11. Listed in two columns are expressions of time. The ones on the left are used as nouns and therefore are capitalized. The ones on the right are used as adverbs and are not capitalized. |

| Used as nouns | Used as adverbs |
|---|---|
| der Abend | abends |
| der Morgen | morgens |
| des Nachmittags | nachmittags |
| über Nacht | nachts |
| zu Mittag | mittags |
| am Freitag | freitags |

| | |
|---|---|
| an einem Dienstag | dienstags |
| zum Feiertag | feiertags |
| den Tag darauf | tags darauf |
| früh am Morgen | morgens früh, frühmorgens |
| spät am Abend | abends spät, spätabends |
| der Montagmorgen | Montag morgens |
| an einem Freitagvormittag | Freitag vormittags |
| gegen Abend | gestern abend |
| Es ist Abend | heute morgen |
| zu Abendessen | dienstags abends |

In German, adverbs are [capitalized/not capitalized].

*not capitalized*

12. The word **deutsch** needs some special attention with regard to capitalization.

| *Used as nouns or as part of a title = capitalize* | *Used as adjective or adverb = do not capitalize* |
|---|---|
| Deutsche Mark | |
| Deutsche Bundesbahn | |
| Deutsches Rotes Kreuz | |
| sein Deutsch ist schlecht | |
| das Schriftdeutsch | |

er

| | |
|---|---|
| kann Deutsch | die deutsche Sprache |
| lehrt kein Deutsch | zu deutsch |
| lernt Deutsch | auf deutsch |
| schreibt gut Deutsch | ein Fremdwort deutsch aussprechen |
| spricht schlecht Deutsch | |
| versteht gut Deutsch | sich deutsch (auf deutsch) unterhalten |

er kann kein Wort Deutsch

ich Deutscher

der Brief ist deutsch geschrieben

wir Deutschen oder wir Deutsche

alle Deutschen

aus dem Deutschen übersetzen

ins Deutsche übersetzen

In the phrase **auf deutsch**, the word **deutsch** [is/<u>is not</u>] used as a noun.

---

*is not*

13. Here are some adjectives and numerals to watch out for.

| *Used as nouns = caps* | *Not used as nouns = no caps* |
|---|---|
| Hunderte, das Hundert | hundert |
| Tausende, das Tausend | tausend |
| ein Hunderter | hundert Mark |
| ein Tausender | tausend Mark |
| Alte und Junge | alt und jung |
| Arme und Reiche | arm und reich |
| zwei Jahre lang | jahrelang |
| Das ist nicht meine Schuld. | Er ist daran schuld. |
| Ich habe keine Angst. | Mir ist angst. |
| Er tut ihm ein Leid an. | Das tut mir leid. |
| Er war auf das Äußerste gefaßt. | Er erschrak aufs äußerste. |
| zum ersten Mal | zum erstenmal |
| ein Dutzend Male | ein dutzendmal |

When the word **Mal** is used as a noun, it is [<u>written separate and capitalized</u>/not capitalized/not written sepa-ate and capitalized].

| | |
|---|---|
| *written separate and capitalized* | 14. The following are best considered as exceptions: |
| | durch dick und dünn |
| | über kurz oder lang |
| | im großen und ganzen |
| | des weiteren |
| | aufs neue |
| | im allgemeinen |
| | im voraus |
| | allerlei anderes |
| | alles andere |
| | etwas anderes |
| | alle übrigen |
| | Capitalize where appropriate:<br>15. Mir fällt das husten schwer. |
| **Husten** | 16. Ich hörte ein knarren. |
| **Knarren** | 17. das abreißen der weidenkätzchen ist verboten! |
| **Das Abreißen Weidenkätzchen** | 18. mein streben führte zum erfolg. |
| **Mein Streben Erfolg** | 19. Sein basteln macht ihm freude. |
| **Basteln Freude** | 20. ich werde vom faulenzen krank. |

| | |
|---|---|
| **Ich**<br>**Faulenzen** | 21. Ich darf beim essen nicht schmatzen. |
| **Essen** | 22. Wir bringen das neueste aus aller welt. |
| **Neueste**<br>**Welt** | 23. Ich habe genug lustiges erlebt. |
| **Lustiges** | 24. ich möchte etwas anderes. |
| **Ich** | 25. der stille ozean wurde von balboa entdeckt. |
| **Der Stille Ozean**<br>**Balboa** | 26. die deutsche bundespost gibt sondermarken heraus. |
| **Die Deutsche**<br>**Bundespost**<br>**Sondermarken** | 27. Wir lasen im alten testament. |
| **Alten Testament** | 28. Pippin der kurze gehört ebenso wie ludwig der fromme zu den karolingern. |
| **Kurze**<br>**Ludwig**<br>**Fromme**<br>**Karolingern** | 29. Obgleich ich im großen und ganzen zufrieden bin, wollen wir das ganze noch einmal durchnehmen. |
| **Ganze** | 30. alles übrige blieb unklar. |

| | |
|---|---|
| **Alles** | 31. Im grunde erwarteten wir nichts anderes. |
| **Grunde** | 32. er hat völlig recht. |
| **Er** | 33. Er hat mir viel leid angetan. |
| **Leid** | 34. Auf dem volksfest trafen sich alt und jung. |
| **Volksfest** | 35. Der hund riß sich zum zweiten male los. |
| **Hund**<br>**Male** | 36. Man sah mehrere hundert erwachsene und tausende von kindern. |
| **Erwachsene**<br>**Tausende**<br>**Kindern** | |

# SYLLABIFICATION

## A. SIMPLE WORDS

1. se-**h**en                    Au-**t**o

   Wa-**g**en                    sie-**g**en

   No-**t**en                    Sei-**f**e

   If a single consonant occurs between vowels in simple
   words as in the examples above, you divide [before/after]
   the consonant.

---

*before*

2. Flag-**g**e                   nen-**n**en
   Was-**s**er                   bit-**t**er

   If two like consonants occur between vowels in simple
   words, you divide [before/after/between] the two consonants.

---

*between*

3. an-**k**ern                   sin-**k**en

   Tö**p**-fe                    Kat-**z**en

   Kno**s**-pe                   Stä**d**-te

   schim**p**-fen                öf**f**-nen

   Verwan**d**-ten               Wö**r**-ter

   When two or more unlike consonants occur between
   vowels in simple words, you divide [after the first/before
   the last] consonant.

| | |
|---|---|
| *before the last* | 4. su-**ch**en — Fla-**sch**e |

4. su-**ch**en      Fla-**sch**e

     Bü-**ch**er      Tu-**sch**e

     Fü-**ß**e      Tele-**ph**on

     So-**ß**e      pro-**ph**etisch

     ka-**th**olisch      Me-**th**ode

The letter combinations **ch, sch, ß, ph** and **th** in simple words are treated as units and are therefore [divided/not divided].

---

*not divided*

5. Wecker      We**k-k**er

     Bäcker      Bä**k-k**er

     hocken      ho**k-k**en

In simple words, the combination **ck** is treated as though it were [a single consonant **ck**/two like consonants **k-k**].

---

*two like consonants* **k-k**

6. la-**st**en      er-**st**en

     sech-**st**e      Hor-**st**e

In simple words, the combination **st** [is divided/is not divided].

---

*is not divided*

7. Dien**s-t**ag      Hal**s-t**uch

If the **s** of **st** belongs to one part of a compound word and the **t** belongs to another part as in **Dienstag** and **Halstuch** then **st** is [divided/not divided].

---

*divided*

8. The derivational suffixes **-ant, -är, -in, -ei, -ung** all begin with a (consonant/vowel).

| | |
|---|---|
| *vowel* | 9. Bäcker           Bäcke-**r**ei |

9. Bäcker         Bäcke-**r**ei

Zeit            Zei-**t**ung

Musik         Musi-**k**ant

Lehrer        Lehre-**r**in

The last consonant of a word which has a derivational suffix with a vowel is [divided with the word/divided with the suffix].

---

*divided with the suffix*

10. **Waa**-ge       **Bee**-te

**Boo**-te       **Mie**-te

The sequences **aa, ee, oo** and **ie** represent long vowels. Such sequences [are divided/not divided].

---

*not divided*

11. **Kai**-ser      **Lei**-ter

**Häu**-ser     **Feu**-er

The sequences **ai, ei, äu, eu** are diphthongs. Diphthongs are [divided/not divided].

---

*not divided*

12. na-**i**ve        Spontan**e**-ität

Jubilä-**u**m    Petrol**e**-**u**m

In these foreign words the sequences **ai, ei, äu, eu** do not represent diphthongs but two separate sounds and are therefore [divided/not divided].

---

*divided*

13. If you are not sure about whether the sequences **ai, ei, äu, eu** are divided or not, you should [guess/always divide/ never divide/consult a dictionary].

| consult a dictionary | Syllabify the following words:<br>14. Töpferei |
|---|---|
| **Töp-fe-rei** | 15. Freundinnen |
| **Freun-din-nen** | 16. Reinigung |
| **Rei-ni-gung** | 17. knusprig |
| **knusp-rig** | 18. teuflisch |
| **teuf-lisch** | 19. Kindchen |
| **Kind-chen** | 20. protestantisch |
| **pro-te-stan-tisch** | 21. Bekannte |
| **Be-kann-te** | 22. naschen |
| **na-schen** | 23. wachsen |
| **wach-sen** | 24. bäuerlich |
| **bäu-er-lich** | 25. Apotheke |

| | |
|---|---|
| **A-po-the-ke** | 26. Professorin |
| **Pro-fes-so-rin** | 27. Museum |
| **Mu-se-um** | |

## B. COMPOUND WORDS

1. Fenster + scheibe = Fensterscheibe   **Fenster-scheibe**

   Eisen + Bahn = Eisenbahn   **Eisen-bahn**

   Eisenbahn + Linie = Eisenbahnlinie   **Eisen-bahn-linie**

   The compound words above are divided [arbitrarily/ according to the parts of which they are composed].

*according to the parts of which they are composed*

2. Fenster-scheibe   Fen-ster + schei-be

   The portions **Fenster** and **scheibe** [cannot be divided further/can be divided further according to the rules already discussed].

*can be divided further according to the rules already discussed*

3. **ent**-gehen      **ver**-geben
   **auf**-stehen     **ein**-schlafen

   **Ent**-eignung     **Auf**-trag

   You [can divide/cannot divide] after prefixes.

*can divide*

4. Fräu-**lein**      Lieb-**chen**      neu-**lich**

   Derivational suffixes that begin with consonants like **lein, chen, lich** are divided [as units/not as units].

| | |
|---|---|
| *as units* | 5. Schiffahrt                    Schiff-fahrt |
| | Brennessel                   Brenn-nessel |
| | When three like consonants occur at the boundary of a compound word, all are written [when the word is divided/ when the word is not divided]. |
| *when the word is divided* | Syllabify the following words: |
| | 6. Buchhandlung |
| **Buch-hand-lung** | 7. Eisschrank |
| **Eis-schrank** | 8. Schiffahrtsgesellschaft |
| **Schiff-fahrts-ge-sell-schaft** | 9. Bauunternehmen |
| **Bau-un-ter-neh-men** | 10. Segelboot |
| **Se-gel-boot** | 11. miteinander |
| **mit-ein-an-der** | 12. Konferenzbeschluß |
| **Kon-fe-renz-be-schluß** | 13. hochgebildet |
| **hoch-ge-bil-det** | 14. Gepäckannahme |

| | |
|---|---|
| **Ge-päck-an-<br> nah-me** | 15. honigsüß |
| **ho-nig-süß** | 16. The following types of syllabification, though agreeing with the rules, are considered bad style:<br><br>a-ber   Reu-e   sag-te<br><br>o-der   Lai-e   tau-en<br><br>U-fer   trau-e   schlei-er<br><br>O-stern   Säu-e   Blü-te<br><br>We can say, another way, that we should avoid separating single letters in any position and two letters [at the beginning/at the end of a word]. |
| *at the end of<br> a word* | 17. If we divide the word **bestehen** into the two parts *beste-* and *-hen* we might think the word has something to do with the word *best-*. It doesn't, of course, and we find this out when we read the first of the next line and find the piece *-hen* which does not fit. It would have clarified the situation if we had divided the word **be-stehen** in the first place. Here are some more examples:<br><br>*not*   Spargel-der   *but*   **Spar-gelder**<br><br>Urin-haber   **Ur-inhaber**<br><br>Tiefe-bene   **Tief-ebene**<br><br>We should then make divisions that lead to [ambiguity and disruption of the flow/clarity and smoothness]. |
| *clarity and<br> smoothness* | |

# Additional Exercises

Punctuation          Syllabification

# PUNCTUATION

## EXERCISE I

*Justify the use of each punctuation mark in the following selection:*

Einst war der Graf Ranzau, der Besitzer von Breitenburg, auf der Jagd. Überall, wo jetzt Weiden und Äcker sich ausbreiten, war damals noch Wald, Moor und Heide. Der Graf , zu hitzig in der Verfolgung des Wildes, nahm sich nicht in acht; er geriet in ein bodenloses Moorloch, und je mehr er sich abmühte herauszukommen, desto tiefer versank er. Ein Bauer, der in der Nähe arbeitete, hörte seinen Hilferuf; vorsichtig näherte er sich, reichte ihm seine Hand und brachte ihn auf festen Boden. „Habe Dank, guter Freund!" rief der Graf, als er sich gerettet sah; „womit kann ich dir lohnen?" Aber der Bauer meinte, er habe nur seine Pflicht getan; des Lohnes bedürfe er nicht. Endlich, als der Graf fortfuhr, ihn zu einem Wunsche aufzufordern, sagte er: „Nun, gnädiger Herr, so gebt mir das Land, wo Euch das Unglück betroffen hat, und vergönnt mir, abgabenfrei darauf zu wohnen." Der Graf gab gern das Geschenk, bestimmte aber, daß der Bauer und seine Nachkommen jährlich einen Pfennig Steuer erlegen sollten. Seit der Zeit heißt das Land die Pfennigwiese, und obgleich seitdem Jahrhunderte verflossen sind, kommt noch alljährlich der Besitzer auf das Schloß und bringt seinen Pfennig.

## EXERCISE 2

*Punctuate the following sentences:*

1. Um sich eine Vorstellung von der Zahl der Waffen die sich die Amerikaner halten zu machen muß man vergleichen die Amerikaner besitzen mehr private Handfeuerwaffen als die Armeen aller NATO-Staaten

2. Ingmar Bergson der Erste Offizier des Ozeandampfers Emperador den Lesius mit achthundert Passagieren an Bord im Atlantik versenkt hatte um jede Spur seiner Flucht zu tilgen wird lebend gerettet

3. Niemand kennt die Höhlen fuhr Luise fort die einmal von Flüchtlingen hier in den Felsengrund getrieben worden sind damals beim Aufstand der Brasilianer gegen die portugiesische Herrschaft

4. Habt ihr gehört rief er aus es ist gelungen

5. Noch während die junge Frau frühstückte kam Dr. Seiler der Chefarzt des städtischen Krankenhauses

6. Alexander mein Freund behauptet ich hätte das Temperament eines Fisches und das Aussehen eines Papageien

7. Besonders hart hat Arthur Schlesinger Historiker und Berater des früheren Präsidenten Kennedy und dann seines Bruders Robert seine Landsleute angefaßt als er in New York vor jungen Akademikern unmittelbar nach dem Attentat auf Robert sagte die Amerikaner sind das schrecklichste Volk dieser Erde

8. Wir werden uns mit der Frage zu beschäftigen haben welche Geldgeber hinter der Organisation stehen wer sie führt und wer sie vor Enthüllungen absichert

9. Ein Autofahrer der sich mit seinem Fahrzeug links eingeordnet und dies auch rechtzeitig durch Blinken angezeigt hatte wurde von einer hinter ihm fahrenden Straßenbahn gerammt

10. Mutter rief Lena Mutter bitte mach die Tür auf ich bin es Lena hörst du mich

11. Das ist reiner Saft aus gesunden reifen Äpfeln

12. Ehe das tapfere kleine Schneiderlein fortging suchte er im Haus herum ob nichts da wäre was er mitnehmen könnte er fand aber nur einen alten Käse den steckte er ein

13. Der Riese sah den Schneider verächtlich an und schrie mit donnernder Stimme du Lump du miserabler Kerl

14. Inzwischen hat auch der Bauernverband gemerkt daß diesen Wünschen Grenzen gezogen sind und zwar sehr enge

15. Wenn es so ist daß die Geschichte um sich selber kreist dann werden ein Mensch und ein Volk immer wieder vor die gleiche Situation gestellt die sie nicht bewältigen und in der sie einmal versagt haben

16. Die Meteorologen erwarten für das Wochenende im Norden Regen im Süden des Landes soll es weiter herbstlich heiter und niederschlagsfrei bleiben

17. Mord und Totschlag Geburt und Gebet Trunkenheit und Diebstahl alles findet sich in dieser Straße

18. Dies ist das Selbstporträt einer mexikanischen Familie einer von rund vier Millionen die arm dahinvegetieren ohne Chancen und meist auch ohne Hoffnung

19. Gesagt getan am 15 Oktober rückte Blücher in zwei Kolonnen von Halle auf Leipzig vor

20. Zu den modernen Übersetzungen zählt auch Saul Bellows Buch die Erzählung Das Geschäft des Lebens

2I. Kurt Tucholskys Liebesnovelle Schloß Gripsholm für zarte Seelen ein Alpdruck für härtere Naturen ein Wunschtraum wurde uns abendfüllend verfilmt

22. Am besten kaufen Sie gleich eine Flasche mehr damit Sie auch den spritzigen vollmündigen Geschmack genießen können

23. Der Weg ist weit dennoch wollen wir zu Fuß gehen

24. Als er das sah erblaßte er denn er merkte daß die Strafe nahe war

25. Man ißt damit man lebt und lebt nicht um zu essen

## EXERCISE 3

*Punctuate and capitalize the following selection:*

Ein Knecht und eine Magd die Braut und Bräutigam waren arbeiteten eines Tages fleißig auf dem Felde da hüpfte eine häßliche alte Kröte auf das Land der Knecht wollte sie totschlagen aber das Mädchen hatte Mitleid mit dem Tier und hinderte ihn daran sie warf die Kröte schnell mit ihrem Spaten über den Zaun als sie abends nach Hause kamen hörten sie von dem Bauern es sei jemand dagewesen der habe sie zur Kindtaufe bei den Unterirdischen eingeladen sie wunderten sich darüber gingen aber doch an dem festgesetzten Tage nach dem Hügel in dem die Unterirdischen wohnten hier wurden sie sehr freundlich empfangen in der Wohnung funkelte alles von Gold Silber und Edelsteinen und ein prächtiges Mahl war bereitet sie griffen tüchtig zu und ließen es sich wohlschmecken als aber der Knecht einmal eine Pause im Essen machte und zufällig nach oben sah da bekam er einen fürchterlichen Schreck von der Decke herunter hing an einem seidenen Faden ein schwerer Mühlstein gerade über ihm der Knecht wollte in seiner Angst aufspringen konnte sich aber nicht von der Stelle rühren da machte er schlimme Augenblicke durch bald aber sagte der Unterirdische bei dem er zu Gaste war nun kannst du dir denken wie neulich meiner Frau zumute gewesen ist sie war nämlich die Kröte die du damals auf dem Felde totschlagen wolltest als dann das Fest zu Ende war und die beiden gehen wollten sagte der Unterirdische zu der Magd sie solle doch einmal ihre Schürze aufhalten dann füllte er ihr die ganze Schürze mit Hobelspänen als sie draußen waren sagte das Mädchen was soll ich mich damit schleppen und schüttete die Späne aus nur einer war zufällig hängen geblieben und als sie zu Hause ankamen war ein silberner Löffel daraus geworden nun liefen die beiden schnell wieder zurück nach der Stelle wo das Mädchen die Späne ausgeschüttet hatte aber alles war verschwunden da haben sie sich tüchtig geärgert

## EXERCISE 4

*Punctuate and capitalize the following selection:*

Das Schaf mußte von allen Tieren viel leiden da trat es vor Zeus und bat sein Elend zu mindern Zeus schien gewillt und sprach zu dem Schaf ich sehe wohl mein frommes Geschöpf ich habe dich allzu wehrlos erschaffen nun wähle wie ich diesem Fehler am besten abhelfen soll soll ich deinen Mund mit schrecklichen Zähnen und deine Füße mit Krallen rüsten o nein sagte das Schaf ich will nichts mit den reißenden Tieren gemein haben oder fuhr Zeus fort soll ich Gift in deinen Speichel legen ach versetzte das Schaf die giftigen Schlangen werden ja so sehr gehaßt nun was soll ich denn ich will Hörner auf deine Stirn pflanzen und Stärke deinem Nacken geben auch nicht gütiger Vater ich könnte leicht stößig werden wie der Bock und gleichwohl sprach Zeus mußt du selbst schaden können wenn sich andere hüten sollen dir zu schaden müßte ich das seufzte das Schaf o so laß mich gütiger Vater wie ich bin denn das Vermögen schaden zu können erweckt fürchte ich die Lust schaden zu wollen und es ist besser unrecht leiden als unrecht tun Zeus segnete das fromme Schaf und es vergaß von Stund an zu klagen

# SYLLABIFICATION

*Syllabify the following words:*

Töpferei, Freundinnen, Reinigung, Masten, Dienstag, knusprig, leiten, Leute, sieben, sauer, teuflisch, Teufel, Besorgung, Norden, Kasten, Kindchen, bißchen, Säcke, Kasper, · Wörter, rasten, Städte, methodisch, protestantisch, ringen, Bekannte, Verwandte, naschen, wachsen, kochen, Socken, empfehlen, knattern, Flaggen, Seife, Mägde, reisen, reißen, teuer, bäuerlich, Lotse, Fratze, Seele, Tasche, Maße, Apotheke, atheistisch, ordnen, Backe, Professorin, Museum, klopfen, Buchhandlung, Eisschrank, Schiffahrts- gesellschaft, Bauunternehmen, Segelboot, riesengroß, durchsehen, vorgehen, mitein- ander, Konferenzbeschluß, hochgebildet, verächtlich, Abendsonne, veranstalten, Präambel, geothermisch, Gepäckannahme, geartet, Opernball, Verpackung, Bettuch, rosig, honigsüß, dennoch.

# Topics

**Examples**                    **Exercises**

# **I.** Selbstbiographisches

# *About Myself*

| | |
|---|---|
| **1.** Name: ____ | *Name:* ____ |
| **2.** Vorname: ____ | *Given name:* ____ |
| **3.** Wohnort: ____ | *City:* ____ |
| **4.** Straße: ____ | *Street:* ____ |
| **5.** Telefon: ____ | *Telephone:* ____ |
| **6.** Geburtstag: ____ | *Birthday:* ____ |
| **7.** Geburtsort: ____ | *Birthplace:* ____ |
| **8.** Staatsangehörigkeit: ____ | *Citizenship:* ____ |
| **9.** Beruf: ____ | *Occupation:* ____ |
| **10.** Paßnummer: ____ | *Passport number:* ____ |
| **11.** Bankkonto: ____ | *Bank account:* ____ |
| **12.** Blutgruppe: ____ | *Blood type:* ____ |
| **13.** Größe: ____ | *Height:* ____ |
| **14.** Gewicht: ____ | *Weight:* ____ |
| **15.** Augenfarbe: ____ | *Eyes:* ____ |
| **16.** Haarfarbe: ____ | *Hair:* ____ |
| **17.** Besondere Kennzeichen: ____ | *Distinguishing marks:* ____ |
| **18.** Ich heiße Friedrich Neumann. | *My name is Friedrich Neumann.* |
| **19.** Mein Name ist Erika Korbus. | *My name is Erika Korbus.* |
| **20.** Ich bin im Jahre 1947 als achtes Kind eines Volksschullehrers in Chicago geboren. | *I was born in Chicago in 1947 as the eighth child of a grade-school teacher.* |

**21.** Ich bin der Sohn (die Tochter) eines Zimmermanns (Arztes / Fabrikanten).

*I am the son (the daughter) of a carpenter (a doctor / a manufacturer).*

**22.** Seit Kriegsende wohnt meine Familie in Los Angeles.

*Since the end of the war my family has been living in Los Angeles.*

**23.** Wie groß sind Sie?
Ich bin 1,75 (m) groß.

*How tall are you?*
*I am 5′ 9″.*

**24.** Wie schwer sind Sie?
Wieviel wiegen Sie?
Ich wiege 62 Kilo(gramm).

*What do you weigh?*
*How much do you weigh?*
*I weigh 137 pounds.*

**25.** Was für Haar hat er?
Er hat kurzes (langes), blondes (schwarzes / braunes / dunkelbraunes) Haar.

*What kind of hair does he have?*
*He has short (long) blond (black / brown / dark brown) hair.*

**26.** Was für Augen hat sie?
Sie hat braune (blaue / graue / hellbraune) Augen.

*What color eyes does she have?*
*She has brown (blue / grey / light brown) eyes.*

**27.** Haben Sie irgendwelche besonderen Kennzeichen?—Ja, ich habe eine Narbe auf dem rechten Oberarm.

*Do you have any special distinguishing marks. Yes, I have a scar on my right upper arm.*

**28.** Von 19__ bis 19__ besuchte ich die Volksschule (die Gewerbeschule) in Wichita.

*From 19__ to 19__ I attended grade school (a trade school) in Wichita.*

**29.** Ich komme aus Seattle im Staate Washington.

*I am from Seattle, in the State of Washington.*

**30.** Ich kam 1956 aus der Schule.

*I graduated from high school in 1956.*

**31.** Ich war 17 Jahre alt, als . . .

*I was seventeen years old when . . .*

**32.** Ich wohne seit meiner Geburt in Berlin.

*I've lived in Berlin since my birth.*

**33.** Den größten Teil meiner Jugend (meiner Jugendjahre / meiner Jugendzeit) habe ich in meiner Heimatstadt verbracht.

*I spent the greatest part of my youth in my home town.*

**34.** Obgleich ich in New York geboren bin, habe ich nicht lange dort gewohnt, denn der Beruf meines Vaters brachte uns sehr oft an einen anderen Ort.

*Although I was born in New York I didn't live there long because my father's profession very often took us to other places.*

**35.** Seit fünf Jahren (seit ich die Universität besuche,) lebe ich schon in Ohio.

*I've been living in Ohio for five years (since I've been attending the university).*

**36.** Ich lebe mit meinen Eltern, zwei Brüdern und zwei Schwestern in unserem kleinen Haus in einem Vorort von Berlin.

*I live with my parents, two brothers and two sisters in our small home in a suburb of Berlin.*

**37.** Wir wohnten vorübergehend in Berlin.

*We lived in Berlin for a time.*

**38.** Jetzt wohne ich in Stuttgart und besuche die Technische Universität.

*I now live in Stuttgart and attend the Institute of Technology.*

**39.** An drei Nachmittagen in der Woche arbeite ich in einer Buchhandlung.

*Three afternoons a week I work in a bookstore.*

**40.** Ich bin in einem Modesalon (in der Bibliothek) angestellt.

*I am employed in a fashion house (in the library).*

**41.** Ich arbeite bei Meyer.

*I work for (Mr.) Meyer.*

**42.** Ich studiere nämlich, um Arzt zu werden.

*I am studying to become a doctor.*

**43.** Ich habe drei Jahre in Kalifornien verbracht.

*I spent three years in California.*

**44.** Mein Vater ist Elektriker (Schullehrer / Bauer / Geschäftsmann).

*My father is an electrician (a schoolteacher / farmer / businessman).*

**45.** Ich habe drei Jahre als Kaufmann (Liftboy / Zeitungsverkäufer) gearbeitet.

*I worked three years as a salesman (an elevator operator / a news vendor).*

**46.** Ich studiere schon drei Jahre lang auf der NYU.

*I have been studying at NYU for three years.*

**47.** Ich besuche die Universität schon drei Jahre.

*I have been attending the University for three years.*

**48.** Ich muß noch zwei (weitere) Jahre studieren.

*I still have to study two (more) years.*

**49.** Zuerst habe ich Chemie studiert, aber dann habe ich mich anders entschieden und studiere nun Mathematik.

*First I studied chemistry, but then I changed my mind and now I'm studying mathematics.*

**50.** Damals habe ich umgesattelt und bin Maler geworden.

*At that time I switched and became a painter.*

**51.** Nach dem Krieg studierte ich als Werkstudent.

*After the war I went to the University and worked part-time.*

**52.** Als Werkstudent verdient man nicht viel.

*When you study and work part-time, you don't earn very much.*

**53.** Ich beendige meine Studien auf der Universität voraussichtlich im Juni 19__.

*I will probably complete my studies at the University in June 19__.*

**54.** Ich höre in der Woche sechs verschiedene Vorlesungen von zusammen achtzehn Stunden.

*I attend six different lecture classes per week for a total of 18 hours.*

**55.** Ich habe gerade mein Studium (meine Studien) auf der Universität beendet.

*I have just completed my studies at the university.*

**56.** Danach folgten zwei Jahre Fachschule und ein Jahr Universität.

*After that there were two years of specialized training and one year of study at the university.*

**57.** Ich habe zwei Jahre bei der Armee (bei der Reserve / als Reservist / in Vietnam / in der Marine / in der Luftwaffe) gedient.

*I served two years in the Army (in the reserves / as a reservist / in Vietnam / in the Marines / in the Air Corps).*

**58.** Im Jahre 19__ wurde ich zum Wehrdienst eingezogen.

*In 19__ I was inducted (or drafted) into the Army.*

**59.** Von ____ bis ____ war ich Soldat und wurde viermal verwundet.

*From ____ to ____ I was a soldier and was wounded 4 times.*

**60.** Als ich zwölf Jahre alt war, sind wir nach Offenbach am Main gezogen, weil mein Vater an die Kunstgewerbeschule in Offenbach versetzt wurde.

*When I was 12 years old, we moved to Offenbach am Main because my father was transferred to the School of Arts and Crafts in Offenbach.*

**61.** Als ich zehn Jahre alt war, verließ ich die Grundschule und ging in die Höhere Mädchenschule.

*When I was 10 years old, I left elementary school and went to a girls' high school.*

**62.** Hier blieb ich, bis ich sechzehn Jahre alt war.

*I remained there until I was 16 years old.*

**63.** In Darmstadt ging ich in die Schule, erst in die Volksschule und dann in das Gymnasium.

*I went to school in Darmstadt, first to primary school and then to secondary school.*

**64.** Er hat sein Studium begonnen (beendet / eifrig betrieben / erfolgreich abgeschlossen / mehrmals unterbrochen / ganz aufgegeben).

*He began (concluded / industriously pursued / successfully completed / repeatedly interrupted / completely gave up) his studies.*

**65.** Er möchte weiterstudieren (seine Studien fortsetzen / wieder aufnehmen).

*He would like to continue at the University (continue his studies / resume his studies).*

**66.** Mit siebzehn Jahren machte er sein Abitur, mit zweiundzwanzig promovierte er zum Doktor der Philosophie und mit dreiundzwanzig berief man ihn als Privatdozent an die weltberühmte Harvard Universität.

*At 17 he completed his final secondary school examination. At 22 he graduated as Doctor of Philosophy and at 23 he was appointed assistant professor at the world-famous Harvard University.*

**67.** Er versuchte sich nacheinander als Jazzbandleiter, Journalist und Anzeigenvertreter.

*He successfully tried his hand as the leader of a jazz band, as a journalist and as an ad salesman.*

**68.** Ich wollte mich auch in diesem Beruf versuchen.

*I also wanted to try my hand at this profession.*

**69.** Es war ein etwas ausgefallener Beruf.

*It was a somewhat unusual profession.*

**70.** Er wollte mir diesen Beruf ausreden.

*He wanted to talk me out of this profession.*

**71.** Ich möchte im Westen (Norden / Osten / Süden / in der Schweiz / auf Hawaii) wohnen.

*I would like to live in the West (the North / East / South / in Switzerland / in Hawaii).*

**72.** Ich möchte Apotheker werden.

*I would like to become a pharmacist.*

| | |
|---|---|
| Archäologe | *an archeologist.* |
| Architekt | *an architect.* |
| Arzt | *a doctor.* |
| Astronom | *an astronomer.* |
| Biologe | *a biologist.* |
| Chemiker | *a chemist.* |
| Dolmetscher | *an interpreter.* |
| Ingenieur | *an engineer.* |
| Maschinenbauingenieur | *a mechanical engineer.* |
| Elektroingenieur | *an electrical engineer.* |
| Elektronikingenieur | *an electronics engineer.* |
| Bauingenieur | *a construction engineer.* |
| Geologe | *a geologist.* |
| Rechtsanwalt | *a lawyer.* |
| Innenarchitekt | *an interior architect.* |
| Kaufmann | *a merchant.* |
| Betriebswirt | *a business manager.* |
| Werbefachmann | *an advertising specialist.* |
| Verkaufsleiter | *a sales manager.* |
| Handelsvertreter | *a commercial agent.* |
| Einkaufsleiter | *a purchasing agent.* |
| Personalleiter | *a personnel manager.* |
| Buchhalter | *a bookkeeper.* |
| Geschäftsmann | *a businessman.* |
| Programmierer | *a programmer.* |

| | |
|---|---|
| Landwirt | *an agriculturist.* |
| Bauer | *a farmer,* |
| Feldmesser | *a surveyor.* |
| Mathematiker | *a mathematician.* |
| Physiker | *a physicist.* |
| Psychologe | *a psychologist.* |
| Soziologe | *a sociologist.* |
| Tierarzt | *a veterinarian.* |
| Schauspieler | *an actor.* |
| Volkswirt | *an economist.* |
| Politiker | *a politician.* |
| Zahnarzt | *a dentist.* |
| Zeichner | *a draftsman.* |
| Journalist | *a journalist.* |
| Versicherungsvertreter | *an insurance agent.* |
| Hausfrau und Mutter | *a housewife and mother.* |
| Ehemann und Vater | *a husband and father.* |

**73.** Ich werde Englischlehrer.  *I am going to be an English teacher.*

| | |
|---|---|
| Geschichtslehrer. | *a history teacher.* |
| Geographielehrer. | *a geography teacher.* |
| Chemielehrer. | *a chemistry teacher.* |
| Biologielehrer. | *a biology teacher.* |
| Mathematiklehrer. | *a math teacher.* |
| Soziologielehrer. | *a sociology teacher.* |
| Physiklehrer. | *a physics teacher.* |
| Musiklehrer. | *a music teacher.* |
| Deutschlehrer. | *a German teacher.* |
| Sprachlehrer. | *a language teacher.* |
| Religionslehrer. | *a religion instructor.* |
| Volksschullehrer. | *a grade-school teacher.* |
| Staatsbeamter. | *a civil servant.* |
| Polizeibeamter. | *a police officer.* |
| Bahnbeamter. | *a railroad official.* |
| Postbeamter. | *a post-office official.* |
| Universitätsprofessor. | *a university professor.* |

Ich studiere Jura.  *I am studying law.*

| | |
|---|---|
| Medizin. | *medicine.* |
| Philosophie. | *philosophy.* |
| Theologie. | *theology.* |
| Sprachwissenschaft. | *language.* |

| | |
|---|---|
| Musik. | *music.* |
| Germanistik. | *Germanic languages.* |
| auf der Universität. | *at the University.* |

## Suggested Exercises

**1.** Sie wollen eine Europareise machen und müssen natürlich einen Paß haben. In einem Brief stellen Sie einen Antrag für einen Paß. Vergessen Sie nicht die wichtigsten Angaben.

**2.** Sie sitzen im Flugzeug. Sie stellen sich Ihrem Nebenmann vor und er stellt sich Ihnen vor. Entwickeln Sie das Gespräch weiter.

**3.** Sie ziehen um und gehen heute zum ersten Mal in eine neue Schule. Stellen Sie sich mündlich Ihren Schulkameraden vor.

**4.** Sie wollen zum Studium an der Universität zugelassen werden. Schreiben Sie einen Brief an die Universität, in dem Sie alle wichtigen Angaben zu Ihrer Person, Ihrem Wohnort, Ihrer Ausbildung, und Ihren Zielen beim Studium nennen. (Siehe auch den Abschnitt: „Kleine Briefschule" p. 81.)

**5.** Sie bewerben sich um eine Stellung als ____. Schreiben Sie einen Brief mit einem Lebenslauf, nennen Sie Ihre bisherige und die gewünschte Stellung, und vergessen Sie nicht, den Nachweis der Eignung zu bringen.

**6.** Gestern abend sind Sie ziemlich spät nach Hause gekommen. Als Sie an der Bank vorbeikamen, sahen Sie jemand aus dem Gebäude herauskommen, der sich durch sein ungewöhnliches Benehmen verdächtig machte. Heute erfahren Sie, daß die Bank ausgeraubt worden ist. Sie gehen auf die Polizeiwache und beschreiben den Verdächtigen von gestern abend. (Sie können die Szene mit verteilten Rollen spielen: Ein Polizeibeamter stellt Ihnen Fragen und Sie antworten.)

**7.** Beschreiben Sie den Fahrer des Wagens, der gestern den Unfallort verlassen hat.

## 2. Mein Steckenpferd       *My Hobby*

**1.** Die Automatisierung erlaubt dem Menschen mehr freie Zeit als früher.

*Automation allows man more free time than he used to have.*

**2.** Was soll der Mensch mit seiner Freizeit anfangen?

*What should we do with our free time?*

**3.** Viele Menschen wissen mit ihrer Freizeit nichts anzufangen.

*Many people don't know what to do with their free time.*

**4.** Manche füllen ihre Freizeit mit einem Steckenpferd (Hobby) aus.

*Some fill their free time with a hobby.*

**5.** Das Sammeln oder Basteln ist für viele Leute eine Liebhaberei.

*Collecting or making things is a hobby for many people.*

**6.** Fast jeder hat irgendein Steckenpferd.

*Almost everybody has some kind of hobby.*

**7.** Ein Steckenpferd soll einem Menschen eine Aufgabe stellen.

> muß ihm Freude und innere Befriedigung bringen.
> muß ihm Spaß machen.
> kann sehr lehrreich sein.
> kostet manchmal viel Geld.
> nimmt seine ganze Zeit in Anspruch.
> ist eine teure Angelegenheit.

*A hobby should provide man with a challenge.*

> *must bring him joy and inner satisfaction.*
> *must be fun for him.*
> *can be very instructive.*
> *sometimes costs a lot of money.*
> *occupies all of his time.*
>
> *is an expensive matter.*

**8.** Das Hobby verbindet die Freude am Besitz mit der Freude am Sammeln.

*A hobby combines the joy of possession with the joy of collection.*

**9.** Was ist dein Hobby?

*What is your hobby?*

**10.** Hast du ein Hobby?

*Do you have a hobby?*

**11.** Onkel Walter reitet dauernd auf seinem Steckenpferd herum.

*Uncle Walter constantly talks about his hobby.*

**12.** Mein Mann hat keine Zeit für Liebhabereien.

*My husband has no time for hobbies.*

**13.** Du mußt ab und zu ein paar Stunden ausspannen und solltest dir ein Hobby anlegen.

*Every now and then you must relax a few hours, and you ought to take up a hobby.*

**14.** Er betreibt sein Hobby schon seit zwanzig Jahren.

*He has had his hobby for 20 years.*

**15.** Er ist Radioliebhaber.
Blumenzüchter.
Amateurfunker.
ein leidenschaftlicher Bastler.
Briefmarkensammler.

*He is a radio buff.*
*a floriculturist.*
*a ham operator.*
*a passionate "do-it-yourselfer".*
*a stamp collector.*

**16.** Mein Bruder sammelt Briefmarken.
Mineralien.
Schmetterlinge.
Bierdeckel.
Irrtümer und Lügen von Politikern.
Waffen.
antike Autos.
Figuren, Zinnsoldaten und Uhren.
Plakate.
Erstausgaben von Kriminalromanen.
Karl May.

*My brother collects stamps.*
*rocks.*
*butterflies.*
*beer-glass coasters.*
*lies of politicians.*

*weapons.*
*antique cars.*
*figurines, tin soldiers and clocks.*

*posters.*
*first editions of detective stories.*

*( books by) Karl May.*

**17.** Meine Schwester sammelt Porzellan.
Autogramme von prominenten Persönlichkeiten.
Schallplatten.
Comics.
Rezepte.
Theaterkarten.
Speisekarten.
antike Möbel.

*My sister collects china.*
*autographs of prominent personalities.*
*records.*
*comic books.*
*recipes.*
*theater tickets.*
*menus.*
*antique furniture.*

**18.** Sein Hobby ist der Modellbau; er baut Schiffe, Autos, Flugzeuge, Eisenbahnen, Städte usw.

*His hobby is making models; he builds ships, cars, airplanes, railroads, cities, etc.*

**19.** Er züchtet in seiner Freizeit Brieftauben. (Rosen, Nerze, Hunde, Katzen, Rennpferde usw.)

*In his free time he raises carrier pigeons. ( roses, mink, dogs, cats, racehorses, etc.)*

**20.** Er bastelt jeden Abend an dem Modell eines <u>Indianerdorfes</u> (an seinem Go-Kart).

*Every evening he works on the model of an Indian village. ( on his go-cart.)*

**21.** Er treibt Ahnenforschung und hat seinen Stammbaum bereits bis ins 16. Jahrhundert zurückverfolgt.

*He does genealogical research and has traced his family tree back to the 16th century.*

**22.** Er sitzt jeden Abend an seinem Kurzwellenempfänger und unterhält sich meistens mit einem Partner in Australien.

*Every evening he sits in front of his shortwave set and most of the time carries on a conversation with a partner in Australia.*

**23.** Die beiden bauen Flugzeugmodelle mit Benzinmotoren.

*Both of them build airplane models with gasoline motors.*

**24.** Vater und Sohn spielen mit der elektrischen Eisenbahn.

*Father and son play with the electric train.*

**25.** Er gehört einem Kochclub an. Dreimal die Woche trifft er sich mit anderen Amateurköchen im Clubhaus und kocht ausgefallene Gerichte.

*He belongs to a cooking club. Three times a week he meets with other amateur cooks in the clubhouse and cooks unusual dishes.*

**26.** Sie <u>spielt Geige im Kammerorchester.</u>

*She plays the violin in the chamber orchestra.*

    singt im Frauenchor.
    spielt viermal die Woche abends Karten bei Meyers.

    *sings in the women's chorus.*
    *plays cards four times a week at the Meyer's house.*

**27.** Mein Hobby ist <u>das Kochen.</u>

*My hobby is cooking.*

    das Segeln.
    das Tanzen.
    das Lesen von Kriminalromanen.
    das Wandern.
    das Fotografieren.
    die Gartenarbeit.
    der Modellbau.
    das Kartenspielen.
    das Malen.
    das Funken.
    das Jagen.
    die Ahnenforschung.
    das Fernsehen.

    *sailing.*
    *dancing.*
    *reading detective stories.*
    *hiking.*
    *photography.*
    *gardening.*
    *making models.*
    *cardplaying.*
    *painting.*
    *radio operating.*
    *hunting.*
    *genealogical research.*
    *watching television.*

# Suggested Exercises

**1.** Beschreiben Sie Ihr Steckenpferd in allen Einzelheiten: was Sie tun, wieviel Geld es kostet, wieviel Zeit es in Anspruch nimmt, wie schwierig es ist, wieviel Spaß es Ihnen macht, wie viele Personen an der Ausübung beteiligt sind, welche Materialien Sie zur Ausübung Ihres Steckenpferdes brauchen, usw. Besprechen Sie auch, warum Sie dieses Steckenpferd betreiben, wie Sie angefangen haben and was Ihre Ziele und Wünsche sind.

**2.** Bereiten Sie einen Dialog vor zwischen zwei Freunden oder Freundinnen. Der eine Freund, Richard, ist unbefriedigt und unruhig und sucht etwas, was er in seiner Freizeit tun kann. Der andere Freund, Thomas, schlägt ihm vor, ein Steckenpferd zu betreiben. Zuerst muß Thomas Richard von den Vorteilen eines Steckenpferdes überzeugen. Dann stellt Richard eine Reihe von Fragen, und Thomas macht ihm einige Vorschläge über verschiedene Hobbies. Wieder stellt Richard Fragen, über die Art der Hobbys, was man dazu braucht, wieviel es kostet, usw. Endlich entschließt er sich für ein bestimmtes Hobby.

**3.** Sie sind der Redakteur einer Zeitschrift, in der Leute, die ein Steckenpferd haben, Bekanntmachungen und Nachfragen aufsetzen können. Schreiben Sie zehn Anzeigen für die nächste Ausgabe. Beispiel: ,,Ich bin Briefmarkensammler und suche bereits seit fünf Jahren die blaue fünf Pfennig Marke der Serie ‚berühmte Bauten' der Deutschen Bundespost aus dem Jahre 1962. Ich biete folgende Marken zum Tausch an . . . Bitte schreiben Sie an . . .''

**4.** Bereiten Sie ein Gespräch vor zwischen vier Leuten, die jeder ein anderes Hobby betreiben. Lassen Sie einen jeden über die Vorteile seines Steckenpferdes sprechen, während er zur gleichen Zeit versucht, Nachteile im Steckenpferd der anderen zu finden.

# 3. Wir gehen aus                     *We're going on a date*

**1.** Wir sind ein paarmal miteinander ausgegangen.

*We've been out with each other a few times.*

**2.** Wir gehen oft miteinander aus.

*We go out with each other quite often.*

**3.** Ich gehe gern mit ihr aus, denn jeder bezahlt für sich.

*I like to go out with her. We "go dutch".*

**4.** Wir gehen zu viert aus.

*We're double dating.*

**5.** Wir waren schon lange nicht mehr zusammen ausgegangen.

*We hadn't been out with each other for a long time.*

**6.** Im Augenblick habe ich nicht einmal eine feste Freundin.

*At the moment I don't even have a steady girlfriend.*

**7.** Sie hat einen (festen) Freund. Er hat eine (feste) Freundin.

*She has a (steady) boyfriend. He has a (steady) girlfriend.*

**8.** Sie ist unverheiratet und ohne festen Freund.

*She isn't married and doesn't have a steady boyfriend.*

**9.** Sie geht nicht gern aus.

*She doesn't like to go out.*

**10.** Sie gehen schon ein halbes Jahr miteinander.

*They've been going with (or dating) each other for half a year.*

**11.** Er fragte, ob sie mit ihm ausgehen wollte, und sie sagte sofort zu.

*He asked her whether she wanted to go out with him and she accepted immediately.*

**12.** Hast du Lust, heute abend mit mir groß auszugehen?

*How would you like to go on a big date with me tonight?*

**13.** Ich werde dich heute mal richtig ausführen.

*I'll really show you a big time today.*

**14.** Du willst mich ausführen, aber ich habe nichts anzuziehen.

*You want to take me out but I don't have anything to wear.*

**15.** Ich träume davon, einmal richtig schön mit dir auszugehen.

*I dream of going on a nice date with you just once.*

**16.** Nanu? Wollen Sie groß ausgehen?

*Well? Do you want to go on a big date?*

**17.** Ich verabrede mich nie mit Fremden.

*I never go on dates with strangers.*

**18.** Ich verabredete mich mit ihr am Hauptbahnhof.

*I made a date with her at the main railroad station.*

**19.** Ich habe versucht, mich mit ihr zu verabreden.

*I've tried to get a date with her.*

**20.** Vielleicht mag sie meinen Typ nicht.

*Maybe she doesn't like my type.*

**21.** Ich habe mich mit ihm zum Essen verabredet.

*I have a date with him for dinner.*

**22.** Wir verabredeten einen Treffpunkt.

*We agreed on a meeting-place.*

**23.** Sie treffen sich mit den Jungen (Mädchen) zum Tennisspielen.

*They get together with the fellows (girls) to play tennis.*

**24.** Sie trifft sich mit Karl.

*She has a date with Carl.*

**25.** Er hat sie zum Spaziergang abgeholt.

*He came by to take her for a walk.*

**26.** Wollen wir gemeinsam etwas unternehmen?

*Do you want to do something together?*

**27.** Ich bin Ihnen eine Gegeneinladung schuldig.

*I owe you an invitation.*

**28.** Das war unser erstes Rendezvous.

*That was our first date.*

**29.** Hast du heute abend was vor?

*Do you have plans for tonight?*

**30.** Es tut mir schrecklich leid, aber für heute bin ich schon seit langem mit zwei Kollegen verabredet.

*I'm terribly sorry but I've had a date for today for a long time with two colleagues of mine.*

**31.** Ich habe eine Verabredung um 20 Uhr.

*I've got a date at 8:00.*

**32.** Ich kann die Verabredung nicht brechen.

*I can't break the date.*

**33.** Das ist kein Grund, die Verabredung nicht einzuhalten.

*That's no reason not to keep the date.*

**34.** Morgen bin ich ab fünf Uhr frei.

*Tomorrow I'm free after 5:00.*

**35.** Für morgen bin ich vergeben, und für übermorgen auch.

*I have a date (or I'm booked) for tomorrow and also for the day after tomorrow.*

**36.** Wann kann ich dich denn wiedersehen? Morgen? Übermorgen?

*Then when can I see you again? Tomorrow? The day after tomorrow?*

**37.** Er hatte den Abend nicht wie gewöhnlich für sie freigehalten.

*He hadn't kept the evening open for her as usual.*

**38.** Liebling, ich muß für heute leider absagen. Du kannst dir nicht vorstellen, wie leid es mir tut. Ich habe mich auf diesen Abend so gefreut.

*Darling, unfortunately I have to call off our date for today. You just can't imagine how sorry I am. I was looking forward so much to this evening.*

**39.** Im letzten Augenblick kann ich unmöglich absagen.

*I just can't say "no" at the last minute.*

**40.** Ich werde dich noch anrufen.

*I'll call you back.*

**41.** Das hat mir nicht imponiert.

*That didn't impress me.*

**42.** Kennen Sie sie näher?

*Do you know any more about her?*

**43.** Sind Sie sehr eng mit ihr befreundet?

*Are you a close friend of hers?*

**44.** Wir verstehen uns (einander) sehr gut.

*We get along with each other very well.*

**45.** Wir haben uns verkracht.

*We had an argument.*

**46.** Er hat mich versetzt.

*He stood me up.*

**47.** Ich will mich noch ein bißchen zurechtmachen.

*I still need a minute or two to get ready.*

**48.** Ich machte mich zum Ausgehen fertig.

*I got ready to go out.*

**49.** Wann kann ich dich abholen? In einer halben Stunde?

*When can I pick you up? In half an hour?*

**50.** Ich werde mich vielleicht ein paar Minuten verspäten.

*I might be a couple of minutes late.*

**51.** Ihr Freund holt sie donnerstags zum Kino oder Bowling ab.

*Her boyfriend picks her up on Thursdays to go to the movies or bowling.*

**52.** Auf Wiedersehen, recht gute Unterhaltung. Viel Spaß!

*Good-by! Have a good time. Have fun.*

**53.** Er hat sie zum Tanz eingeladen.

*He invited her to a dance.*

    ins Restaurant zum Essen — *to dinner in a restaurant.*

    zu einem Spaziergang — *for (to go for) a walk.*

    zu einer Spazierfahrt — *for (to go for) a drive.*

    zu einer Faschingsparty — *to a Mardi Gras party.*

    zu einem Korbballspiel — *to a basketball game.*

    zum Rollschuhlaufen — *to go roller skating.*

    zum Schlittschuhlaufen — *to go ice skating.*

    zum Schlittenfahren — *to go sleigh riding.*

    zum Schilaufen — *to go skiing.*

**54.** Wir fuhren in die Berge.

*We drove into the mountains.*

    an den See. — *to the lake.*

    an den Strand. — *to the shore (beach).*

    ins Grüne. — *into the outdoors.*

    in den Wald. — *into the forest.*

**55.** Er wollte sie einladen, mit ihm ins Kino zu gehen.

*He wanted to invite her to go to the movies with him.*

    ins Theater — *to the theater*

    in die Oper — *to the opera*

    ins Konzert — *to a concert*

    in ein vornehmes Restaurant — *to an expensive restaurant*

    zum Faschingsball — *to the Mardi Gras ball*

    in die kleine Milchbar nebenan — *to the little soda fountain ("milk bar") next door*

    zu einer Party bei Freunden — *to a party at friends'*

**56.** Wollen wir heute abend essen gehen?

*Shall we go out to dinner tonight?*

    kegeln — *bowling*

    schwimmen — *swimming*

    tanzen — *dancing*

    spazieren — *for a walk*

**57.** Sie spielten gern Schach.

*They liked to play chess.*

    Halma. — *Chinese checkers.*

    Dame. — *checkers.*

| Bridge. | *bridge.* |
| Karten. | *cards.* |

**58.** Im Winter fährt sie gern Schi (Schlitten). — *In winter she likes to go skiing (sledding).*

**59.** Sie läuft gern Schlittschuh. — *She likes to go ice-skating.*

## Suggested Exercises

**1.** Eine „Traumverabredung"; Sie stellen sich in Gedanken alles vor, wie es wäre, wenn Sie bei einer Verabredung alles einrichten könnten, wie Sie es wollten.

**2.** *Gespräch:* Beschreiben Sie Ihrem Zimmerkollegen die Verabredung von gestern abend.

**3.** Sie gehen zum ersten Mal in die Oper (ins Theater). Beschreiben Sie den Abend.

**4.** „Ich gehe nicht mehr aus!" Erzählen Sie, warum Sie zu diesem Schluß gekommen sind.

**5.** *Kritik:* Es wäre besser beim Ausgehen, wenn . . . oder: Was haben Sie am Ausgehen der heutigen Jugend auszusetzen?

**6.** *Themen zur Debatte:* Das Ausgehen ist zu teuer oder ist nicht der Mühe wert. Die Dame soll ab und zu für sich selbst bezahlen.

**7.** *Brief an die Mutter:* Sie haben ein sehr nettes Mädchen getroffen und ein paarmal ausgeführt. Erzählen Sie Ihrer Mutter, wohin sie sie ausgeführt haben. (Siehe auch: „Die kleine Briefschule.")

# 4. Meine Zukünftige — *My future wife —*
## Mein Zukünftiger — *my future husband*

**1.** Wie stellen Sie sich die ideale Ehefrau (den idealen Ehemann) vor? — *What is your idea of the perfect wife (husband)?*

**2.** Was eine Frau sich vom Leben erträumt, zeigt idealerweise der Hollywood Liebesfilm mit Happy-End: Einen möglichst klugen, möglichst gutaussehenden, möglichst wohlhabenden jungen Mann, der sie vergöttert.

*What a woman expects out of life is shown ideally in the romantic Hollywood film with a happy ending: a young man as intelligent, as good-looking and as wealthy as possible and who adores her.*

**3.** Die Frau, die ich heiraten möchte sagt und tut genau das Richtige im richtigen Moment.

*The woman I would like to marry says and does exactly the right thing at the right time.*

**4.** Bevor ich einen jungen Mann heirate, muß ich das Gefühl haben, daß wir füreinander bestimmt (richtig) sind.

*Before I marry a young man, I must have the feeling that we are meant (right) for each other.*

**5.** Wenn ich bis zu meinem 30. Geburtstag keinen Ehepartner finde, bleibe ich ledig (heirate ich gar nicht).

*If I do not find a husband (or wife) before my thirtieth birthday, I will remain single (I won't marry at all).*

**6.** Wenn ich ans Heiraten denke, stelle ich mir die Frage, ob sie Tiere gern hat.
  ob sie Kinder gerne hat.
  ob sie Kinder haben will.
  ob sie gut mit Menschen auskommt.
  ob sie gern tanzt (malt, musiziert).
  ob sie Musik, Theater, Literatur, Sport liebt.

*When I consider marriage I ask myself whether she likes animals.*
  *whether she likes children.*
  *whether she wants to have children.*
  *whether she gets along well with people.*
  *whether she likes to dance (paint, play an instrument).*
  *whether she likes music (the theater, literature, sports).*

**7.** Ich werde den richtigen Partner (fürs Leben) schon finden.

*I will find the right (marriage) partner all right.*

**8.** Ich habe ganz genaue Vorstellungen von der Rolle, die eine gute Frau und Mutter in der Ehe spielen muß.

*I have very definite ideas about the role that a good wife and mother must play in marriage.*

**9.** Was erwartet ein junger Mann, was sucht er in der Frau, die er heiraten möchte?

*What does a young man expect, what is he looking for in the woman he would like to marry?*

**10.** Er sucht in einer Frau die hingebungsvolle Geliebte, die verläßliche Gefährtin, und die mitfühlende Mutter.

*He would like his wife to be a devoted sweetheart, a dependable partner and a sympathetic mother.*

**11.** Eine gute Ehefrau muß Wärme, stark gefühlsbetonte Fraulichkeit, hingebungsvolle Freude am Pflegen und Anpassungsfähigkeit besitzen.

*A good wife must have warmth, she must be very sensitive and feminine, she must enjoy taking care of things and be adaptable.*

**12.** Die Frau, mit der ich eine Ehe schließe, muß erotische Ausstrahlung (Sex Appeal) und Charme haben, hilfsbereit und zuverlässig, empfindsam und mitfühlend sein.

*The woman I marry must have sex appeal and charm, must be helpful and dependable, sensitive and sympathetic.*

**13.** Es gibt Menschen, die auf den ersten Blick sympathisch wirken, und andere, deren gute Eigenschaften erst nach und nach zum Vorschein kommen.

*There are people who are appealing at first glance, and others whose good qualities become apparent only after a while.*

**14.** Wenn ich eine Frau (einen jungen Mann) kennenlerne, will ich genau wissen, mit wem ich es zu tun habe.

*When I meet a woman (a young man), I want to know exactly what kind of a person I am dealing with.*

**15.** Ich brauche eine Frau (einen Mann), vor der (dem) ich nichts zu verbergen brauche.

*I need a wife (a husband) I don't have to hide anything from.*

**16.** Er muß eine gute Stellung haben (sich für Musik interessieren).

*He must have a good position (be interested in music).*

**17.** Wir müssen dieselben Interessen (Charaktereigenschaften) haben.

*We must have the same interests (personality traits).*

**18.** Ich will erst mit 25 heiraten (eine Ehe schließen).

*I don't want to marry until I am 25.*

**19.** Ich habe vor, ein Mädchen (einen jungen Mann) aus guter Familie zu heiraten.

*I plan to marry a girl (a young man) from a good family.*

**20.** Ich komme aus dem Mittelstand.

*I belong to the middle class.*

**21.** Wenn wir verheiratet sind, werden wir aufs Land (in die Stadt / nach dem Westen / nach Kalifornien) ziehen.

*When we are married we will move to the country (to the city / to the west / to California).*

**22.** Soll ich eine Frau heiraten, die keine Amerikanerin ist?

*Should I marry a woman who is not an American?*

**23.** Er soll einen Kopf größer sein als ich.

*He ought to be a head taller than I am.*

**24.** Sie darf nicht zu dick sein.

*She mustn't be too fat.*

**25.** Sie muß etwas kleiner sein als ich.

*She must be a little bit shorter than I am.*

**26.** Sie ist schlank, attraktiv, gut aussehend.

*She is slender, attractive and good-looking.*

**27.** Sie ist humorvoll.

*She has a sense of humor.*

    kunstliebend. — *loves art.*

    anpassungsfähig. — *is adaptable.*

    belesen. — *is well-read.*

    vielseitig gebildet. — *has a well-rounded education.*

    heiter. — *is cheerful.*

    verträglich. — *is easy to get along with.*

    religiös. — *is religious.*

    liebevoll. — *is affectionate.*

    herzlich. — *is sincere.*

    intelligent. — *is intelligent.*

    tolerant. — *is tolerant.*

    mittelblond. — *is medium blond.*

    schwarzbraun. — *has dark-brown hair.*

    dunkeläugig. — *has dark eyes.*

    gepflegt. — *is well-groomed.*

reich. / *is rich.*
arm. / *is poor.*
sportlich. / *loves sports.*

**28.** Sie braucht nicht wie ein Film-star auszusehen, aber sie muß ge-pflegt wirken. / *She does not need to look like a movie star but she must be well-groomed.*

**29.** Ich mag keine Frau, die sich nicht zu kleiden versteht. / *I do not like a woman who does not know how to dress.*
welche die Hosen trägt. / *who wears the pants.*
die mit aufgestecktem Haar in die Stadt geht. / *who goes downtown with her hair up in curlers.*
die sich nicht pflegt. / *who is not well-groomed.*
die nicht auf sich hält. / *who does not take pride in her appearance.*
die zu anspruchsvoll ist. / *who is too demanding.*

**30.** Sie heißt Erika, ist beinah zwan-zig, groß und schlank und hat volles, dunkles Haar. / *Her name is Erika, she is almost twenty, tall and slender and has thick, dark hair.*

**31.** Sie muß mich in meinen Ab-sichten unterstützen. / *She must support me in my goals.*

**32.** Ich möchte stolz auf sie sein können. / *I would like to be able to be proud of her.*

**33.** Ich muß das Gefühl haben, daß sie mich liebt. / *I must have the feeling that she loves me.*
daß sie gern unter Menschen ist. / *that she likes to be with people.*
daß sie mir gern einen Ge-fallen tut. / *that she is glad to do me a favor.*

**34.** Herr im Hause ist der Mann, nicht die Frau. / *The husband, not the wife, is the head of the house.*

**35.** Ich kann mich mit seiner Fußball Leidenschaft abfinden, vielleicht könnte ich mich sogar daran gewöhnen, daß er für Kunst nichts übrig hat. / *I can put up with his passion for football; perhaps I could even get used to the fact that he doesn't like art.*

# Suggested Exercises

1. Beschreiben Sie die körperlichen und geistigen Eigenschaften, die Sie in Ihrer Zukünftigen (Ihrem Zukünftigen) suchen.

2. Bereiten Sie einen Dialog vor, wie er zwischen zwei Studenten stattfinden könnte. Klaus ist Idealist und stellt sehr hohe Ansprüche an seine Zukünftige—sie ist sein Traumbild—während Peter viel realistischer denkt und versucht, Klaus davon zu überzeugen, wie unhaltbar seine Position ist.

3. Ihr Zimmerfreund (Ihre Zimmerfreundin) hat seit einem Semester eine feste Freundin (einen festen Freund). Sie kennen beide gut und glauben, daß sie zueinander passen. Schreiben Sie einen Brief an eine Studienkameradin in Deutschland und erzählen Sie ihr von den beiden und warum Sie glauben, daß sie sich gut ausgleichen. (Siehe: „Kleine Briefschule.")

4. Versetzen Sie sich in die Lage eines Menschen, der nicht viel Glück bei Frauen (Männern) hat und der daher in seinen Mitmenschen gern Fehler findet. Vom Standpunkt dieses Menschen aus, beschreiben Sie auf humorvolle Art und Weise, warum es für Sie ja doch keine Zukünftige (keinen Zukünftigen) gibt. Sie können zum Beispiel anführen, daß Sie klein und dick sind und daß sich immer nur große, schlanke Frauen für Sie interessieren, usw.

5. *Debatte:* Wählen Sie zwei Parteien mit entgegengesetzten Standpunkten. Die eine Partei glaubt, daß die Ansprüche, die die ältere Generation an ihre Zukünftigen gestellt hat, heute völlig veraltet sind. Die andere Partei vertritt die Ansicht, daß sich im Grunde kaum etwas geändert hat und daß wir noch dieselben Wünsche und Ideale wie unsere Eltern haben. Ein Schriftführer in jeder Gruppe soll die Punkte, die Sie aufzählen, schriftlich festhalten. Dann wählt jede Gruppe zwei Diskutanten, die das Thema debattieren: „Ich habe ganz andere Ideale als meine Eltern, wenn es zur Wahl einer Zukünftigen (eines Zukünftigen) kommt." Jeder Sprecher hat drei Minuten.

# 5. Am Telefon — *On the Telephone*

**1.** Hörer abnehmen. tüt . . . tüüüüt (das Wählzeichen)

*Pick up the receiver. tüt . . . (the dial tone)*

**2.** Zwei 10-Pf-Stücke einwerfen.

*Insert two ten-pfennig pieces.*

**3.** Wählen. tüüüüt . . . tüüüüt = frei (das Freizeichen) tüt . . . tüt . . . tüt . . . tüt = besetzt (das Besetztzeichen)

*Dial. tüüüüt . . . tüüüüt = the line is open (*or *it's ringing) (the ring). tüt . . . tüt = busy (the busy signal)*

**4.** Das Telefon läutet (klingelt).

*The telephone rings.*

**5.** Sie läßt es weiterklingen.　　*She lets it ring.*

**6.** Guten Tag. Hier spricht Herr Klein.　　*Good day. Mr. Klein speaking.*

**7.** Guten Abend. Hier bei Dr. Geraldy.　　*Good evening. Dr. Geraldy's residence.*

**8.** Hallo. Hier ist Albert (Frau Kessler).　　*Hello, Albert (Mrs. Kessler) speaking.*

**9.** Hier Meyer & Co., Guten Tag.　　*Meyer and Company, hello ( or good day ).*

**10.** Hier ist die Wohnung von Herrn Müller.　　*This is the residence of Mr. Müller.*

**11.** Wer spricht dort bitte? Ist Herr Berg dort?　　*Who's speaking, please? Is Mr. Berg there?*

**12.** Ich hätte gern Herrn Schwarz gesprochen.　　*I would like to speak with Mr. Schwarz.*

**13.** Ist Herr Klein zu sprechen?　　*May I speak with Mr. Klein?*

**14.** Ach, du bist's. Gib mir mal Paul! Es ist dringend.　　*Oh it's you. Let me speak with Paul! It's urgent.*

**15.** Leider ist Herr Lehmann im Augenblick nicht zu erreichen.　　*Unfortunately Mr. Lehmann can't be reached at the moment.*

**16.** Geben Sie mir bitte Dr. Greiter (wieder) an den Apparat.　　*Would you please give me Dr. Greiter ( again ).*

**17.** Kann ich etwas ausrichten?　　*Can I take a message?*

**18.** Ich möchte Herrn Bauer etwas bestellen.　　*I'd like to leave a message for Mr. Bauer.*

**19.** Ja, ich werde es ausrichten (bestellen).　　*Yes, I'll give him the message.*

**20.** Hallo, sind Sie noch da?　　*Hello, are you still there?*

**21.** Guten Tag (gute Nacht). (Auf) Wiederhören. (Auf) Wiedersehn.　　*Good day ( good evening ). Good-by. Good-by.*

**22.** Sie legte (den Hörer) auf.

*She hung up (the receiver).*

**23.** Er wollte auflegen.

*He wanted to hang up.*

**24.** Sie hatte eingehängt.

*She had hung up.*

**25.** Er bekam eine Verbindung, aber niemand meldete sich.

*He got a line, but nobody answered.*

**26.** Die Leitung war besetzt.

*The line was busy.*

**27.** Ihr Apparat war immer besetzt.

*Her phone was always busy.*

**28.** Es klickte in der Leitung.

*There was a click on the line.*

**29.** Hamburg hat (im Selbstwähldienst) die Vorwählnummer 0411.

*(For direct dialing) Hamburg has the area code 0411.*

**30.** 0023 ist die Vorwahl für Direktgespräche.

*0023 is the code for direct dialing.*

**31.** 37 ist die Landesvorwahl der DDR.

*37 is the (national) code for the German Democratic Republic.*

**32.** Er wählt das Fernamt.

*He's dialing (the) long-distance (operator).*

**33.** Auskunft, Platz 31.

*Information, Operator 31.*

**34.** Nicht die Büronummer, die Privatnummer.

*Not the office number, the private number.*

**35.** Die Telefonistin (das Fräulein vom Amt).

*The operator.*

**36.** Welche Nummer haben Sie bitte?

*What's your number please?*

**37.** Einen Augenblick bitte, ich verbinde.

*Just a moment please, I'll connect you.*

**38.** Geben Sie mir bitte die Nummer von ____.

*Please give me the number of ____.*

**39.** Können Sie weiterverbinden?

*Can you connect me?*

**40.** Stellen Sie (das Gespräch) bitte durch!

*Would you please put that call through.*

**41.** Bitte verbinden Sie mich mit Frau Harff.

*Please connect me with Mrs. Harff.*

**42.** Geben Sie mir eine Verbindung mit Genf.

*Please give me a line to Geneva.*

**43.** Geben Sie mir bitte schnell Apparat 702.

*Please give me extension 702 quickly.*

**44.** Er bat sie um Kleingeld für ein zweites Gespräch.

*He asked her for some change for a second call.*

**45.** Die Telefonzelle war frei.

*The telephone booth was empty.*

**46.** Er verließ die Telefonzelle.

*He left the telephone booth.*

**47.** Er bat sie, das Gespräch in die Bar umzulegen. (auf sein Zimmer zu legen.)

*He asked her to transfer the call to the bar. (to his room.)*

**48.** Sie sind falsch verbunden.

*You have the wrong number.*

**49.** Sie haben sich verwählt.

*You dialed the wrong number.*

**50.** Hat er Geld eingeworfen oder war es ein R-Gespräch?

*Did he put some money in or was it a collect call?*

**51.** Ein R-Gespräch für Fräulein Dr. Zint. Für sie persönlich.

*A collect call for Miss Zint. For her personally.*

**52.** Nehmen Sie das Gespräch an? Es geht auf Ihre Kosten.

*Will you accept the call?*
*It will be charged to you.*

**53.** Bitte verbinden Sie mich.

*Please connect me.*

**54.** Ich habe ein Ferngespräch für Sie aus Frankfurt.
Bitte sprechen.

*I have a long-distance call for you from Frankfurt.*
*Go ahead.*

**55.** Ist es ein Ortsgespräch?

*Is it a local call?*

**56.** Die Verbindung war getrennt.

*We were just cut off.*

**57.** Die Verbindung war schlecht. — *The reception (or the connection) was poor.*

**58.** Er wurde <u>ans Telefon</u> (zum Telefon) gerufen. — *He was called to the phone.*

**59.** Er wurde am Telefon verlangt. — *He was wanted on the phone.*

**60.** Da ist einer an der Leitung und er . . . — *There is somebody on the line and he . . .*

**61.** Sie können mich unter dieser Nummer erreichen. — *You can reach me at this number.*

**62.** Er hinterließ seine Telefonnummer bei der Sekretärin. — *He left his telephone number with the secretary.*

**63.** Ich habe eben mit New York gesprochen und wurde unterbrochen. — *I was just speaking with New York and was cut off.*

**64.** Ich werde mich später melden. — *I'll phone back later.*

**65.** Ich kann das am Telefon nicht so erläutern. Ich rufe später wieder an. — *I can't explain that over the phone. I'll call back later.*

**66.** Hier hast du meine Telefonnummer. Ruf mich an, wenn du in Schwierigkeiten bist. — *Here's my telephone number. Phone me if you're having trouble.*

**67.** Ein Anruf für Sie aus Berlin. — *There's a call for you from Berlin.*

**68.** Der anonyme Anrufer hatte sich bei der Polizei gemeldet. — *The anonymous caller had contacted the police.*

**69.** Es war ein anonymer Anruf. — *It was an anonymous phone call.*

**70.** Ich rufe Sie gleich zurück. Wo kann ich Sie zurückrufen? — *I'll call you right back. Where can I call you back?*

**71.** Ich erwarte seinen Anruf. — *I am expecting his call.*

**72.** Darf ich telefonieren? — *May I use the phone?*

**73.** Heute morgen habe ich mit Lola telefoniert. — *This morning I talked to Lola on the phone.*

**74.** Falls ich telefonisch verlangt werde . . .

*In case I'm wanted on the phone . . .*

**75.** Ich hatte ihn telefonisch gebeten . . .

*I had asked him on the phone to . . .*

**76.** Man hat mir vorhin telefonisch mitgeteilt, daß . . .

*They told me just now over the phone, that . . .*

**77.** Kann man von jedem Apparat direkt nach außen wählen?

*Can you dial outside directly from any extension?*

**78.** Wählen Sie eine Null vorher. Verlangen Sie den Chefredakteur und fragen Sie nach Frau Winter.

*First dial "O". Ask for the editor-in-chief and then ask for Mrs. Winter.*

**79.** Ich suchte im Telefonbuch schnell die Nummer heraus.

*I hurriedly looked up the number in the telephone book.*

**80.** Wo ist das Telefon?

*Where is the telephone?*

**81.** Geh mal ans Telefon!

*Answer the phone!*

**82.** Ich gehe an den Apparat.

*I answer the phone.*

**83.** Zuerst wollte sie nicht an den Apparat.

*At first she didn't want to answer the phone.*

**84.** Das Telefon klingelte. Ich gehe 'ran.

*The telephone rang. I'll get it.*

**85.** Den ganzen Tag ging das Telefon.

*The telephone rang constantly all day long.*

**86.** Er ging ans Telefon.

*He answered the phone.*

**87.** Therese kam an den Apparat.

*Therese came to the phone.*

**88.** Sie kann nicht ans Telefon kommen.

*She can't come to the phone.*

**89.** Ich muß an den Apparat.

*I've got to get to the phone.*

**90.** Geh doch 'ran!

*Answer it.*

**91.** Ich wollte Doris an den Apparat bekommen.

*I wanted to get Doris on the phone.*

| | |
|---|---|
| **92.** Sind Sie selber dran, Karl? | *Is that you, Carl?* |
| **93.** Bleiben Sie am Apparat! Wer ist am Apparat? Selbst am Apparat. Ja, selbst. | *Don't hang up. Who's speaking? It's me (speaking). Yes, it's me.* |
| **94.** Hängen Sie nicht ein! | *Don't hang up.* |
| **95.** Kralik am Apparat. | *Kralik speaking.* |
| **96.** Der Apparat war stumm. | *The phone was dead.* |
| **97.** Der Anschluß war tot. | *The connection was dead.* |

## Suggested Exercises

**I.** Schreiben Sie ein fiktives Telefongespräch zwischen Ihnen und Ihrer Freundin (oder Ihrem Freund).

**2.** Beschreiben Sie Ihrem Freund den anonymen Anruf von gestern abend.

**3.** Der Tag im Leben eines Telefons. Beschreiben Sie die Ereignisse des Tages aus der Perspektive des Telefons.

**4.** „Ich möchte keinen Telefonanschluß, weil . . .'' oder: „Ich kann ohne ein Telefon nicht auskommen.''

**5.** Sie haben Angst vor dem Telefonieren. Beschreiben Sie, was in Ihnen vor sich geht, wenn Sie ans Telefon gehen und mit einem Fremden telefonieren müssen. (Stellen Sie sich vor, daß Sie in Deutschland wären!)

**6.** Das Leben ohne Telefon. Beschreiben Sie Ihr Leben, wenn es kein Telefon gäbe.

**7.** *Debatte:* Das Telefon ist eine großartige Einrichtung.

# 6. Kleine Briefschule

# Hints on Writing a Letter

**A.** Angaben über den Absender gehören in die rechte obere Ecke:

*Information about the sender belongs in the upper right-hand corner:*

Dr. Johann Grün
68 Mannheim
Friedrichsplatz 12

*Dr. Johann Grün*
*Friedrichsplatz 12*
*68 Mannheim*

Mannheim, den 1. Februar 1971

*February 1, 1971*

**B.** Die Anschrift steht vor dem Brieftext und auch auf dem Briefumschlag:

*The address appears before the text of the letter and also on the envelope:*

Herrn
F. A. Müller
7315 Bad Böll
Postfach 14

*Mr. F. A. Müller*
*Box 14*
*7315 Bad Böll*

Firma
Ernst Globig
2861 Wallhöfen
Hauptstr. 4

*Ernst Globig & Company*
*Hauptstr. 4*
*2861 Wallhföen*

Frau
Dr. Rita Scholl
466 Gelsenkirchen-Buer
Postfach 19

*Dr. Rita Scholl*
*Box 19*
*466 Gelsenkirchen-Buer*

**C.** Die Anrede:

*The salutation:*

| | |
|---|---|
| Mein lieber Freund | *My dear friend* |
| Liebe Gretel | *Dear Gretel* |
| Lieber Karl | *Dear Karl* |
| Liebe Erika und lieber Fritz | *Dear Erika and Fritz* |
| Meine geliebte Else | *My beloved Else* |
| Mein lieber Hans | *My dear Hans* |
| Lieber Herr Müller | *Dear Mr. Müller* |
| Liebe Frau Müller | *Dear Mrs. Müller* |
| Sehr geehrter Herr | *Dear Sir* |
| Sehr geehrtes Fräulein | *Dear Madam* |
| Sehr verehrter Herr Dr. (Direktor) Braun | *Dear Dr. Braun* |
| Sehr verehrte Frau Klein | *Dear Mrs. Klein* |

| | |
|---|---|
| Nach der Anrede wird ein Ausrufezeichen oder ein Komma gesetzt: | *After the salutation place an exclamation mark or a comma:* |

> Sehr geehrter Herr Meier!
> Gestern habe ich Ihren Brief vom . . .

> *Dear Mr. Meier:*
> *Yesterday I (received) your letter of . . .*

> Sehr geehrter Herr Meier,
> gestern habe ich Ihren Brief vom . . .

> *Dear Mr. Meier,*
> *Yesterday I (received) your letter of . . .*

**D.** Innerhalb des Brieftextes werden die persönlichen und auch die besitzanzeigenden Fürwörter groß geschrieben:

*Within the text of the letter the personal and possessive pronouns are capitalized:*

> Du, Dich, Dir, Dein, Ihr, Euer, Eure, usw.

**E.** Die Grußformel steht ohne Interpunktion:

*The complimentary closing is without punctuation:*

> *In Geschäftsbriefen*

> *In business letters*

Hochachtungsvoll
    Wilhelm Krämer

*Respectfully,*
    *Wilhelm Krämer*

Mit vorzüglicher Hochachtung

*With great respect,*

Mit besten Empfehlungen

*With best wishes,*

Mit freundlichen Grüßen
    Ernst Hansen

*With friendly greetings,*
    *—Ernst Hansen*

> *In Privatbriefen*

> *In private letters*

Mit den besten Empfehlungen
    Walter Steffens

*With best regards,*
    *Walter Steffens*

Es grüßt Sie (herzlich)
    Ihr Heinz Rose

*Cordially,*
    *Heinz Rose*

Sei herzlich gegrüßt von
    Deiner Anna

*Cordial greetings from*
    *your Anna*

Dein Freund
    Hans

*Your friend,*
    *Hans*

Bitte grüße Onkel Fritz (Tante Martha / Herrn Schwarz / Ingrid / Mutter und Vater) (herzlich) von mir. Viele Grüße und alles Gute
    Dein Gustav

*Please say hello to Uncle Fritz (Aunt Martha / Mr. Schwarz / Ingrid / Mother and Father). Greetings and best wishes,*
    *Your Gustav*

**F.** Interessante Formulierungen und häufige Wendungen:

*Interesting formulations and frequently-used expressions:*

**1.** Endlich bin ich dazu gekommen, Dir einen Brief zu schreiben. (Dir ein paar Zeilen zu schreiben.)

*I have finally gotten around to writing you a letter. (to writing you a couple of lines.)*

**2.** Vielen Dank (Besten Dank) für Euren (lieben) Brief vom 2. September.

*Many thanks (thank you) for your kind letter of September 2nd.*

**3.** Ich habe schon lange auf Post von Euch gewartet und mir um Euch Sorgen gemacht.

*I waited for a letter from you for a long time and was worried about you.*

**4.** Hoffentlich geht es Euch allen gut.

*I hope you are all in good health.*

**5.** Ihr habt lange nichts von Euch hören lassen.

*We haven't heard from you in a long time.*

**6.** Ich wollte schon früher (längst) schreiben, aber . . .

*I wanted to write to you much sooner but . . .*

**7.** Schreib bitte bald wieder.

*Please write again soon.*

**8.** Laß bald wieder von Dir hören.

*Let (us) hear from you again soon.*

**9.** Ich hoffe, recht bald wieder von Ihnen zu hören.

*I hope to hear from you again very soon.*

**10.** Schönen Gruß an Onkel Otto.

*Say "Hello" to uncle Otto.*

**11.** Grüße Deine Eltern herzlich von mir.

*Say "Hello" to your parents for me.*

**12.** Jetzt muß ich schließen (zum Schluß kommen), denn das Blatt ist fast voll.

*I must close now, for the page is almost full.*

| | |
|---|---|
| **13.** Nun Schluß für heute. | *That's enough for today.* |
| **14.** Über Deine hübsche Ansichtskarte habe ich mich sehr gefreut. | *I was delighted to receive your lovely picture-postcard.* |

## Suggested Exercises

**I.** Die Mutter Ihres Freundes (Ihrer Freundin) hat Sie eingeladen, das Wochenende zum Erntedankfest bei ihnen zu verbringen. Sie können nicht. Schreiben Sie einen Entschuldigungsbrief an seine (ihre) Mutter.

**2.** Vorige Woche haben Sie einen kleinen Autounfall gehabt. Schreiben Sie einen Brief an Ihren Freund (Ihre Freundin), in dem Sie alles erzählen. Mit diesem Freund (dieser Freundin) sind Sie per „du".

**3.** Schreiben Sie einen Brief an Ihren Professor, der jetzt in einer anderen Stadt wohnt, und bitten Sie ihn um ein Empfehlungsschreiben für eine Anstellung oder für die „graduate school".

**4.** Ein Buchverlag hat Ihnen unverbindlich ein Buch geschickt. Sie haben das Buch behalten, weil Sie glaubten, es wäre ein Reklamegeschenk gewesen. Nun verlangt die Buchhandlung Bezahlung. Schreiben Sie einen Brief, in dem Sie Ihren Standpunkt erklären.

**5.** Schreiben Sie einen Liebesbrief an einen Freund (eine Freundin).

**6.** Sie haben einen Artikel in der Zeitung gelesen, mit dem Sie gar nicht übereinstimmen. Außerdem wollen Sie einige Ungenauigkeiten richtigstellen. Schreiben Sie einen Brief an die Redaktion der Zeitung.

**7.** Vielleicht haben Sie von einer witzigen, aber zugleich auch sehr lästigen Situation gehört, in der jemand einen Briefwechsel mit einem Komputer führte. Schreiben Sie einen Brief an die Redaktion der Zeitung.

## 7. Fernsehen            *Television*

**1.** Er wollte den Fernseher (den Fernsehapparat) einschalten (abschalten / ausschalten).    *He wanted to turn on (turn off / switch off) the TV (TV set).*

**2.** Nachdem Sie den gewünschten Sender eingestellt haben, können Sie die Lautstärke, die Helligkeit und den Kontrast regeln.

*After you have selected the desired channel, you can adjust the volume, brightness and contrast.*

**3.** Wir haben hier keinen guten Empfang.

*We don't have very good reception here.*

**4.** Sie brauchen eine gute Antenne.

*You need a good antenna.*

**5.** Heute ist guter (schlechter) Empfang.

*There is good (poor) reception today.*

**6.** Der Empfang ist durch das Wetter gestört.

*The reception is impaired by the weather.*

**7.** Er drehte den Tonknopf nach links (nach rechts / nach der falschen Seite / ab).

*He turned the sound button to the left (to the right / to the wrong side / off).*

**8.** Es ist viel zu laut, etwas leiser bitte!

*It is much too loud. A little softer, please.*

**9.** Vergiß nicht, den Fernseher auszuschalten!

*Don't forget to turn off the TV.*

**10.** Regle bitte die Lautstärke, damit wir die Nachbarn nicht stören!

*Please adjust the volume so that we don't disturb the neighbors.*

**11.** Er blieb vor dem Fernseher stehen.

*He stopped in front of the TV.*

**12.** Unser Fernseher ist kaputt.

*Our TV is broken.*

**13.** Wir wollen uns einen neuen Farbfernseher anschaffen.

*We want to buy a new color TV.*

**14.** Mutter will eine (Fernseh) Truhe und kein tragbares Gerät oder Standgerät.

*Mother wants a (TV) console and not a portable or table model.*

**15.** Was bringt das Fernsehen heute abend?

*What's on TV tonight?*

**16.** Was gibt es heute abend im Fernsehen?

*What's on TV tonight?*

**17.** Hast du aus dem Fernsehprogramm etwas ausgewählt?

*Have you picked out something from the TV program guide?*

**18.** Im ersten (zweiten) Programm wird eine Dokumentarsendung übertragen.

*A documentary is being shown on channel 1 (2).*

**19.** Hast du dir gestern das Schlagerprogramm angeschaut?

*Did you see the hit parade yesterday?*

**20.** Möchtest du dir noch die Sportberichte ansehen?

*Would you still like to see the sports report?*

**21.** Hast du gestern die Eiskunstlaufmeisterschaften (im Fernsehen) gesehen?

*Did you see the figure-skating championships (on TV) yesterday?*

**22.** Er sieht (schaut) etwas im Fernsehen an.

*He's watching something on TV.*

**23.** Er sitzt vor dem Bildschirm.

*He's sitting in front of the TV (screen).*

**24.** Den ganzen Abend hockt er vor dem Fernseher.

*He's glued to (literally: squats in front of) the TV all night long.*

**25.** Diese Sendung (dieser Film / diese Übertragung) wird sich bestimmt lohnen.

*This telecast (this movie / this program) will certainly be worthwhile.*

**26.** Ich will lieber etwas Spannendes (Lustiges / Ernsthaftes / Aktuelles) sehen.

*I'd rather see something exciting (humorous / serious / on current affairs).*

**27.** Um 21 Uhr kommt der Kriminalfilm (eine Diskussion über Politik).

*At 9:00 p.m. there's a detective movie (a discussion on politics).*

**28.** Es tut mir leid, daß ich Sie bei der Fußballübertragung störe.

*I'm sorry to interrupt you during the telecast of the soccer game.*

**29.** Er schaltete im Fernsehen die späteste Spätvorstellung ein.

*He turned on the late, late show on TV.*

**30.** Jeder saß vor dem Fernseher (der Idiotenlaterne / der Flimmerkiste / dem Familienkino).

*Everyone was sitting in front of the TV set (the "boob tube" / the "glimmer box" / the "family movie").*

**31.** Vor dem Bildschirm essen wir Erdnüsse (Kartoffelchips / Salzstangen / Schokolade / Bonbons / Keks / Pralinen usw).

*While sitting in front of the TV screen, we eat peanuts (potato chips / pretzels / chocolate / candy / cookies / chocolates, etc.).*

**32.** Das Fernsehen hat den Alltag (uns / unsere Gewohnheiten / alles) verändert.

*TV has changed our every-day routine (us / our habits / everything).*

**33.** Welche Sendung sehen Sie besonders gern (am liebsten)? Bonanza, Supermax, Rauchende Colts, Familie Feuerstein, Meine drei Söhne, Lieber Onkel Bill, Kobra Übernehmen Sie, die Sportschau, (Kurz)nachrichten, die Wetterkarte, die Tagesschau, die Kinderstunde?

*Which program do you like to watch (best)? Bonanza, Get Smart, Gunsmoke, The Flintstones, My Three Sons, Family Affair, Mission Impossible, Sports, the News, the Weather report, Summary of the day's events, the children's hour?*

**34.** Im deutschen Fernsehen werden die Sendungen nicht durch Reklame unterbrochen.

*On German TV the programs are not interrupted by commercials.*

**35.** Nur im Werbefernsehen (zweimal am Tage) werden die Vorzüge von Margarine, Kaffee, Sekt, Zigaretten, Büstenhalter, Seife, Zahnpaste usw. gepriesen.

*Only on the advertising program (twice a day) are the virtues of margarine, coffee, champagne, cigarettes, brassieres, soap and toothpaste extolled.*

**36.** Sie wollte einen Fernsehkurs durchmachen.

*She wanted to take a course in TV.*

**37.** Sie nimmt an einem Fernsehkurs teil.

*She is participating in a TV course.*

**38.** Viele junge Mädchen in Deutschland wollen Fernsehansagerin werden.

*Many young girls in Germany want to become television announcers.*

## Suggested Exercises

**1.** Beschreiben Sie der Reihe nach die Fernsehprogramme, die Sie im Laufe einer Woche sehen.

**2.** Sie freuen sich auf Ihre Lieblingsfernsehsendung. Da haben Sie aber keinen guten Empfang und Sie werden von jemand dauernd gestört. Erzählen Sie (im Präteritum) Ihrem Freund die ganze Geschichte.

**3.** Sie haben sich seit Tagen auf eine Fernsehsendung gefreut, die Sie unbedingt sehen wollen. Der Abend kommt, sie haben den Apparat angestellt und es sich auf einem Sessel bequem gemacht. Das Programm beginnt. An einer spannenden Stelle klingelt das Telefon. Ein Freund oder eine Freundin ruft an und will Ihnen unbedingt etwas sehr Wichtiges (seine oder ihre Verlobung!) mitteilen. Sie versuchen, das Programm weiter zu verfolgen aber auch gleichzeitig Ihrem Freund (Ihrer Freundin) zuzuhören und mit ihm (ihr) zu sprechen, denn Sie wollen ihn (sie) nicht beleidigen. Erzählen Sie den ganzen Vorgang a) in der Gegenwart b) in der Vergangenheit.

**4.** Beschreiben Sie die Fernsehsitten bei Ihnen zu Hause.

**5.** Welche Sendungen sehen wir heute abend? Wie wird die Wahl getroffen?

**6.** *Debatte:* Mord und Totschlag im Fernsehen.

**7.** *Debatte:* Fernsehen—Vorteile und Nachteile.

# 8. Der Umgang mit dem Geld — *Money Management*

**1.** Er kann schlecht (gut) mit (dem) Geld umgehen. — *He manages money poorly (well).*

**2.** Er kann nicht mit Geld umgehen. — *He can't manage his money.*

**3.** Das ist hinausgeworfenes Geld. — *That's wasted money.*

**4.** Die Ausgaben steigen mit den Einkünften. (Parkinsons zweites Gesetz) — *Expenses rise to meet income. (Parkinson's Second Law)*

**5.** Ausgaben für Nahrungsmittel, Kleidung, Miete, Möbel, Verkehr, Unterhaltung, Wasser, Strom, Gas, Telefon, usw.

*Expenses for food, clothing, rent, furniture, transportation, entertainment, water, electricity, gas, telephone, etc.*

**6.** Alles ist so teuer (wird teurer).

*Everything is so expensive (is becoming more expensive).*

**7.** Die Lebenskosten steigen ständig.

*The cost of living rises steadily.*

**8.** Ein Auto können wir uns nicht leisten.

*We can't afford a car.*

**9.** In der Woche bringe ich nur 120 Mark mit nach Hause.

*I only have 120 marks take-home pay a week.*

**10.** Nach den Abzügen (Lohnsteuer, Kirchensteuer, Sozialversicherung) bleibt nicht viel übrig.

*After deductions (income tax, church tax, social security) there's not much left.*

**11.** Man muß Steuern (Einkommensteuer) zahlen.

*You have to pay taxes (income tax).*

**12.** Das kann man von der Steuer absetzen (abziehen).

*You can deduct that from your taxes.*

**13.** Alles geht auf Spesen.

*Everything is on an expense account.*

**14.** Er wollte einen Wagen auf Raten (auf Abzahlung) kaufen.

*He wanted to buy a car on the installment plan.*

**15.** Morgen zahlen wir die erste Rate.

*Tomorrow we make the first payment.*

**16.** Am ersten sind die Raten fällig.

*The payments are due on the first of the month.*

**17.** Ich kaufe nichts auf Raten. Ich habe es meiner Frau ein für allemal verboten, etwas auf Abzahlung (Raten) zu kaufen. Es soll nur das angeschafft werden, was wir auch bezahlen können.

*I don't buy anything on the installment plan. I have forbidden my wife once and for all to buy anything by installment. We ought to buy only what we can pay for.*

**18.** Sie leben auf Abzahlung.

*They are living on time payments (or credit).*

**19.** Er lebt über seine Mittel.

*He's living beyond his means.*

**20.** Er verdient nicht genug zum Leben.

*He doesn't earn enough to live.*

**21.** Er sucht Nebeneinkünfte.

*He's looking for extra income.*

**22.** Schon durch eine kleine Anzahlung (ohne Anzahlung) kommen Sie sofort in den Besitz des Geräts.

*With only a small down-payment (without a down-payment) you can take possession of this set immediately.*

**23.** Wieviel bin ich Ihnen schuldig?

*How much do I owe you?*

**24.** Wieviel bekommen Sie von mir?

*How much do you get from me?*

**25.** Ich habe viele Schulden. (bin in Schulden geraten. / habe viele Schulden gemacht.)

*I have many debts. (I got into debt. / I've incurred many debts.)*

**26.** Er wollte seine Schulden bezahlen.

*He wanted to pay his debts.*

**27.** Ich habe kein Geld bei mir.

*I don't have any money on me.*

**28.** Woher haben Sie das Geld? — Von meiner Tante.

*Where did you get the money? — From my aunt.*

**29.** Das hat viel Geld (eine hübsche Stange Geld) gekostet.

*That cost a lot of money (a tidy little sum).*

**30.** Sie wirft ihr Geld zum Fenster hinaus.

*She throws her money out the window (or: wastes her money).*

**31.** Er vertrinkt (verspielt / verschwendet) sein ganzes Geld.

*He spends all his money on drinking. (on gambling. / wastes all his money.)*

**32.** Ich bin knapp bei Kasse.

*I don't have much money.*

**33.** Ich reichte ihr einen Zehner und sah zu, wie sie das Wechselgeld herausgab.

*I handed her a ten (dollar bill) and watched as she gave me change.*

**34.** Hast du 60 Mark klein?                *Do you have 60 marks in change?*

**35.** Haben Sie es auch klein?              *Do you (also) have it in change?*

**36.** Ich habe es nicht klein.              *I don't have it in change.*

**37.** Er ließ das Wechselgeld zurück.       *He left his change.*

**38.** Können Sie (mir) 100 Mark wechseln?   *Can you change 100 marks (for me)?*

**39.** Können Sie (mir) herausgeben?         *Can you change it (for me)?*

**40.** Ich habe kein Kleingeld (kein Hartgeld / keine Münzen).   *I don't have any change (any coins).*

**41.** Man soll das Wechselgeld nachzählen.   *You should count your change.*

**42.** Hier ist Ihre Quittung.               *Here is your receipt.*

**43.** Keine Zahlung ohne Quittung.          *No payment without a receipt.*

**44.** Er wollte einen Kredit aufnehmen.     *He wanted to take out a loan.*

**45.** Er hat zehn Mark von ihr gepumpt.     *He borrowed ten marks from her.*

**46.** Er wollte anschreiben.                *He wanted to charge it.*

**47.** Sie haben dich gründlich hereingelegt.   *They really "took" you.*

**48.** Bei dem Kauf ist er hereingefallen.   *When he bought that, he was "taken."*

**49.** Ich habe einen Scheck über $ 50 in der Brieftasche.   *I have a check for $ 50.00 in my wallet.*

**50.** Er hatte ein leeres Scheckformular, das bereits von Herrn Behring unterzeichnet war.   *He had a blank check that was already signed by Mr. Behring.*

**51.** Der Scheck war ungedeckt.             *The check bounced.*

**52.** Sie zahlte mit einem (vordatierten) Scheck. (mit Scheinen und Münzen.)

*She paid with a (predated) check. (with bills and coins.)*

**53.** Er ließ den Scheck sperren.

*He had them withhold payment on the check.*

**54.** Auf den Scheck bekam ich 25 Mark heraus.

*I got 25 marks back from the check.*

**55.** Es ist nämlich kein Verrechnungsscheck sondern ein Barscheck.

*It's not a non-negotiable check, but a negotiable one.*

**56.** Er hatte den Scheck schon ausgestellt (geschrieben / eingelöst).

*He had already made out (written / cashed) the check.*

**57.** Wenn man einen Scheck einlösen will, muß man einen Personalausweis oder einen Führerschein (oder heutzutage eine Scheckkarte oder eine Kreditkarte) vorlegen.

*If you want to cash a check you have to present personal identification or a driver's license (or nowadays a bank card or a credit card).*

**58.** Ich habe kein Geld bei mir, aber mein Scheckheft habe ich nicht vergessen.

*I don't have any money on me, but I didn't forget my checkbook.*

**59.** Er hat die Unterschrift gefälscht.

*He forged the signature.*

**60.** Ich lasse die Rechnung schicken und zahle über die Bank.

*I'll have the bill sent by mail and pay through the bank.*

**61.** Der moderne Mensch zahlt bargeldlos.

*Modern people pay by check.*

**62.** Ich zahle immer bar.

*I always pay cash.*

**63.** Er wollte das Geld auf sein Bankkonto einzahlen.

*He wanted to deposit the money to his account.*

**64.** Er hat ein Scheckkonto (Sparkonto) bei der Dresdener Bank.

*He has a checking account (savings account) at the Dresdener Bank.*

**65.** Einmal im Monat erhält er einen Kontoauszug.

*Once a month he receives a bank statement.*

**66.** Fast jeder hat ein Sparbuch. *Almost everybody has a savings account.*

**67.** Er hat 2000 Mark auf der Sparkasse. *He has 2,000 marks in his savings account.*

**68.** Wir haben ein wenig Geld auf der Bank. *We have a little money in the bank.*

**69.** Sie wollte zur Bank, um sich neue Scheckhefte zu besorgen und Geld abzuheben (einzuzahlen). *She wanted to go to the bank to get some new checkbooks and to withdraw (deposit) some money.*

**70.** Der Betrag wurde von seinem Konto abgezogen. *The amount was deducted from his account.*

**71.** Er hat sein Konto überzogen. *He overdrew his account.*

**72.** Wir sparen jeden Monat ein paar Mark. *We save a few marks every month.*

**73.** Wir sparen für eine neue Waschmaschine. *We're saving for a new washing machine.*

**74.** Ich spare nämlich auf ein Auto. *I'm saving for a car.*

**75.** Nächsten Monat wollen wir eine neue Waschmaschine anschaffen. *Next month we want to buy a new washing machine.*

**76.** Er wollte sein Geld in Wertpapieren anlegen. *He wanted to invest his money in securities.*

**77.** Er verdient viel Geld. *He earns a lot of money.*

**78.** Er hat ein ganz nettes Gehalt. *He has a nice income.*

**79.** Er bekommt eine Gehaltserhöhung. *He's getting an increase in salary.*

**80.** Erst in zwei Jahren bekommt er seine Rente (seine Pension). *He won't start getting his pension for two years.*

## Suggested Exercises

**1.** Sie wollen Geld von Ihrem Vater. Schreiben Sie ihm einen Brief, in dem Sie ihn darum bitten. Sie geben an, was Sie mit Ihrem Geld gemacht haben und warum Sie keins mehr haben. (Siehe den Abschnitt: „Kleine Briefschule".) *Abwandlung:* Erzählen Sie Ihrem Nebenmann, warum Sie kein Geld mehr haben.

**2.** Beschreiben Sie in Einzelheiten, was Sie am ersten des Monats mit Ihrem Geld machen. Beschreiben Sie in Einzelheiten die Ausgaben des Monats, wie, wo, usw., es bezahlt wird, von Quittungen, Kontoauszügen, usw.

**3.** Beim Einkaufen muß man aufpassen, daß man nicht hereingelegt wird (besonders im Ausland!). Erzählen Sie einem Fremden, worauf er aufpassen muß.

**4.** Wenn es bloß keine Steuern gäbe! Erzählen Sie, warum Sie nicht gern Steuern zahlen und was Sie mit dem Geld alles machen könnten.

**5.** Besprechen Sie die Vorteile und Nachteile der bargeldlosen Zahlung in unserer Zeit. Sie können a) einen Aufsatz über das Thema schreiben, b) einen Dialog vorbereiten zwischen zwei Personen, die genau entgegengesetzte Standpunkte haben oder c) die Klasse in Gruppen aufteilen, jede Gruppe einen Sprecher wählen lassen, der die Diskussion leitet und der einen Studenten bestimmt, die Ergebnisse der ganzen Klasse mitzuteilen.

**6.** *Debatte:* Ratenzahlung—Wohltat oder Plage?

## 9. Beim Arzt — *At the Doctor's Office*

| **A. Allgemeines** | **General Vocabulary** |
|---|---|
| **1.** Ich bin krank. | *I am sick.* |
| **2.** Ich fühle mich (gar) nicht wohl. | *I don't feel well (at all).* |
| **3.** Mir ist nicht wohl. | *I am not well.* |
| **4.** Ich glaube, ich habe Fieber. Mir ist heiß (kalt). | *I think I have a fever. I am hot (cold).* |
| **5.** Ich habe Schüttelfrost. | *I have the chills.* |
| **6.** Ich habe Halsschmerzen (Kopf-/ Magen-/Rücken-/Ohrenschmerzen). | *I have a sore throat (a headache/ stomachache/earache).* |

**7.** Mir tut der Kopf (der Hals / der Magen / das Bein) weh.

*My head ( throat / stomach / leg)  hurts.*

**8.** Ich habe Schmerzen im Unterleib.

*I have pains in the abdomen.*

**9.** Ich habe ein Stechen im Rücken.

*I have a sharp pain in my back.*

**10.** Mir wird (ist) ganz schwindlig.

*I am getting ( am) dizzy.*

**11.** Ich habe heftige Stiche in der Seite.

*I have sharp pains in my side.*

**12.** Ich habe mir das Bein (den Arm / den Fuß) gebrochen.

*I broke my leg ( my arm / my foot).*

**13.** Ich habe mir den Fuß verrenkt.

*I sprained my foot.*

**14.** Gestern bin ich ohnmächtig geworden (in Ohnmacht gefallen).

*Yesterday I fainted.*

**15.** Ich muß mich übergeben.

*I have to vomit ( or: throw up).*

**16.** Mir ist ganz übel (schlecht).

*I don't feel well.*

**17.** Mir wird ganz übel (schlecht).

*I'm getting sick.*

**18.** Ich habe einen Ausschlag am Hals.

*I have a rash on my neck.*

**19.** Ich habe mir einen Nagel in den Fuß getreten.

*I stepped on a nail.*

**20.** Ich habe mich an der Hand verletzt.

*I hurt my hand.*

**21.** Ich habe mich geschnitten.

*I cut myself.*

**22.** Ich bin allergisch gegen Erdbeeren.

*I am allergic to strawberries.*

**23.** Sie verträgt Hitze schlecht.

*She can't stand heat too well.*

**24.** Ich muß mir eine Penizillinspritze geben lassen.

*I have to get a penicillin shot.*

## B. Im Wartezimmer

## In the Waiting Room

**1.** Im Wartezimmer sitzen viele Leute.

*Many people are sitting in the waiting room.*

**2.** Das Wartezimmer ist voll (leer).

*The waiting room is crowded (empty).*

**3.** Im Wartezimmer liegen Lesehefte (Illustrierte) aus.

*There are magazines in the waiting room.*

**4.** Es riecht nach Medizin.

*It smells like medicine.*

**5.** Ich gehe an den Schreibtisch und melde mich bei der Sekretärin.

*I walk up to the desk and report to the secretary (or receptionist).*

**6.** Ich drücke auf die Klingel, und die Sprechstundenhilfe kommt.

*I ring the bell and the receptionist (or assistant, or in a general sense: nurse) comes.*

**7.** Die Sprechstundenhilfe fragt, ob ich angerufen habe (mich angemeldet habe / für vier Uhr bestellt bin).

*The receptionist asks if I phoned (if I have an appointment/if I was supposed to come at 4:00).*

**8.** Die Sprechstundenhilfe notiert meinen Namen und bittet mich, Platz zu nehmen.

*The receptionist writes down my name and asks me to take a seat.*

**9.** Die Sprechstundenhilfe sucht meinen Namen in der Kartei, nimmt meine Karteikarte aus der Kartei und macht eine kurze Notiz.

*The receptionist looks for my name in the file, takes my (catalog) card from the file and makes a short entry.*

**10.** Die Sprechstundenhilfe ist sehr hübsch; sie trägt einen weißen Kittel.

*The receptionist is very pretty; she wears a white uniform.*

**11.** Sie nimmt dem Patienten den Krankenschein ab, den er sich auf der Krankenkasse geholt hat.

*She takes from the patient the medical insurance papers which he obtained from the health insurance company.*

**12.** Sie läßt den Patienten (mich) ins Sprechzimmer eintreten und bittet ihn (mich), sich (mir) den Oberkörper freizumachen.

*She asks the patient (me) to step into the doctor's office and asks him (me) to disrobe (or undress) to the waist.*

**13.** Der Arzt (Dr. Alleskur) hat nur vormittags Sprechstunden.

*The doctor (Dr. Cureall) only has office hours in the morning.*

**14.** Der Arzt hat wochentags Sprechstunden von 9 bis 12 und von 14 bis 16 Uhr (außer mittwochs).

*The doctor has office hours on weekdays from 9:00 to 12:00 and from 2:00 to 4:00 p.m. except Wednesdays).*

## C. Im Sprechzimmer

## In the Doctor's Office

**1.** Die Sprechstundenhilfe bittet den Patienten, ins Sprechzimmer zu kommen.

*The receptionist asks the patient to step into the doctor's office.*

**2.** Der Arzt erkundigt sich nach dem Befinden des Patienten.

*The doctor asks how the patient feels.*

**3.** Der Arzt untersucht den Patienten (gründlich).

*The doctor examines the patient (thoroughly).*

**4.** Er fühlt ihm den Puls und blickt auf die Uhr.

*He feels his pulse and looks at his watch.*

**5.** Der Puls schlägt sehr schnell (unregelmäßig / zu langsam).

*His pulse is very fast (irregular / too slow).*

**6.** Er befühlt die wunde Stelle vorsichtig.

*He carefully checks the wound.*

**7.** Die Schwester wäscht die Wunden mit Alkohol aus (verbindet die Wunde / klebt ein Pflaster auf die Wunde).

*The nurse cleanses the wounds with alcohol (bandages the wound / puts a bandaid on the wound).*

**8.** Der Arzt bittet den Patienten, den Mund aufzumachen.

*The doctor asks the patient to open his mouth.*

**9.** Bitte machen Sie den Mund ganz weit auf und sagen Sie ,,Aaah''!

*Please open your mouth wide and then say "Aaah".*

**10.** Bitte zeigen Sie einmal die Zunge.

*Please stick your tongue out.*

**11.** Die Zunge ist belegt.

*Your tongue is coated.*

**12.** Tut das weh? Haben Sie hier Schmerzen? Wo schmerzt es denn?

*Does that hurt? Does it hurt here? Where does it hurt?*

**13.** Der Hals ist geschwollen.

*Your neck is swollen.*

**14.** Die Schwester mißt das Fieber mit dem Thermometer.

*The nurse takes your temperature with a thermometer.*

**15.** Der Patient hat hohes Fieber.

*The patient has a high fever.*

**16.** Er hat 41 Grad Fieber.

*He has a temperature of 103°.*

**17.** Der Arzt horcht dem Patienten die Brust mit dem Stethoskop ab.

*The doctor checks the patient's chest with a stethoscope.*

**18.** Er macht eine ernste Miene.

*He has a serious expression on his face.*

**19.** Er klopft dem Patienten auf den Rücken.

*He taps the patient on the back.*

**20.** Er gibt dem Patienten eine Spritze in den Arm.

*He gives the patient a shot ( or injection) in the arm.*

**21.** Der Arzt verschreibt dem Patienten Medizin.

    verschiedene Arzneien.
    Luftveränderung.
    vier Wochen Erholungskur in Bad Nauheim.
    (warme) Bäder.
    Bestrahlungen.
    Diät.

*The doctor prescribes medicine for the patient.*

    *different medicines.*
    *a change of climate.*
    *a four-week rest cure in Bad-Nauheim.*
    *warm baths.*
    *radiation treatments.*
    *a diet.*

**22.** Der Arzt verordnet dem Patienten Höhensonne.

    Bestrahlungen.
    Massage.
    eine Woche Bettruhe.

*The doctor prescribes mountain sunshine for the patient.*

    *radiation treatments.*
    *a massage.*
    *a week in bed.*

**23.** Der Arzt rät dem Patienten, sich auf ein paar Tage ins Bett zu legen.

    eine Woche von der Arbeit zu Hause zu bleiben.

*The doctor advises the patient to go to bed for a few days.*

    *to stay home from work for a week.*

| | |
|---|---|
| kalte (warme) Umschläge zu machen. | *to make cold (warm) compresses.* |
| das Rauchen aufzugeben. | *to give up smoking.* |
| abends früher ins Bett zu gehen. | *to go to bed earlier at night.* |

**24.** Der Arzt ordnet kalte (heiße) Umschläge an.

*The doctor prescribes cold (hot) compresses.*

**25.** Er schreibt ein Attest (ein Rezept).

*He writes out a prescription.*

**26.** Ich kann das Attest nicht lesen.

*I can't read the prescription.*

**27.** Ich muß das Rezept zur Apotheke bringen.

*I have to take the prescription to the drugstore.*

**28.** Der Arzt schreibt den Patienten arbeitsunfähig.

*The doctor certifies that the patient is unable to work.*

**29.** Der Kranke wird in ein Heilbad an die See (ins Gebirge) geschickt.

*The sick person is sent for a cure to a health resort (or spa) at the sea (in the mountains).*

**30.** Der Arzt gibt mir eine kleine Flasche mit Tabletten (mit Arznei).

*The doctor gives me a small bottle with pills (with medicine).*

**31.** Der Arzt gibt mir ein Pulver (Tabletten / Medizin / eine Arznei).

*The doctor gives me a powder (pills / medicine).*

**32.** Ich soll die Tabletten zweimal die Stunde (alle zwei Stunden / dreimal am Tag) nehmen (schlucken / einnehmen).

*I am supposed to take the pills every half hour (every two hours / three times a day).*

**33.** Ich soll zwei Tage im Bett bleiben.

*I am supposed to stay in bed for two days.*

**34.** Der Arzt schickt mich zum Facharzt für Ohren- und Nasenleiden (zu einem Spezialisten für innere Krankheiten).

*The doctor sends me to a specialist for ear and nose ailments (to an internist).*

**35.** Der Arzt schickt mich ins Labor zur Röntgenaufnahme.

*The doctor sends me to the laboratory for an X-ray.*

# Suggested Exercises

1. Beschreiben Sie in der Ich-Form eine Krankheit, die Sie kürzlich gehabt haben. Stellen Sie sich vor, daß Sie Ihren Bericht in Ihr Tagebuch eintragen oder daß Sie einem Freund in einem Brief von Ihrer Krankheit berichten.

2. Schreiben Sie einen Dialog zwischen dem Arzt und einem Patienten. Der Patient kommt zum Arzt ins Sprechzimmer und klagt über eine Beschwerde. Der Arzt stellt eine Reihe von Fragen, die der Patient beantwortet. Schließlich macht der Arzt seine Diagnose und stellt ein Attest aus, das der Patient zur Apotheke bringen muß.

3. Erzählen Sie einem Freund oder einer Freundin in indirekter Rede, wie es zugegangen ist, als Sie vorgestern den Arzt besucht haben.

4. Sie besuchen einen Freund oder eine Freundin im Krankenhaus. Beschreiben Sie, was Sie im Krankenzimmer sehen und hören und was Sie mit Ihrem Freund besprechen. Unterbrechen Sie Ihren Bericht also von Zeit zu Zeit mit der direkten Rede.

# 10. Im Krankenhaus — *In the Hospital*

## A. Allgemeines — General Vocabulary

1. Der Kranke wird ins Krankenhaus eingeliefert.

*The sick person is admitted to the hospital.*

2. Er wird mit dem Krankenwagen ins städtische Krankenhaus gebracht.

*He is taken to the city hospital in an ambulance.*

3. Der Unfallwagen bringt den Verunglückten auf schnellstem Wege in die Universitätsklinik.

*The ambulance takes the accident victim to the university hospital by the most direct route.*

4. Die Stationsschwester weist ihn in ein Zimmer ein.

*The head nurse assigns him to a room.*

5. Es ist ein Zweibettzimmer.
   ein größeres Zimmer mit sechs Betten.
   ein Saal mit zehn Betten.

*It is a semi-private room.*
   *a rather large room with six beds.*
   *a ward with ten beds.*

**6.** Er teilt das Zimmer mit einem anderen Patienten.

*He shares the room with another patient.*

**7.** Im Krankenzimmer liegen schon fünf Kranke.

*There are already five patients in the hospital room.*

**8.** Dem einen ist ein Bein amputiert worden.

*One of them had a leg amputated.*

**9.** Alle werden bald wieder gesund sein (genesen / aus dem Krankenhaus entlassen werden).

*All will soon be well again (recuperate / be released from the hospital).*

**10.** Der Patient hat gute Aussicht auf baldige Genesung.

*The patient has a good chance for a speedy recovery.*

**11.** Die Krankheit ist leicht.
    schwer.
    ernst.
    kurz.
    heftig.
    unheilbar.
    akut.
    langwierig.
    (nicht) ansteckend.

*The illness is slight.*
    *is bad.*
    *is serious.*
    *is brief.*
    *is violent.*
    *is incurable.*
    *is acute.*
    *will last a long time.*
    *is (not) infectious.*

**12.** Der Patient darf zweimal am Tag eine Stunde lang aufstehen.

*The patient may get up twice a day for an hour.*

**13.** Der Stationsarzt wird von zwei Assistenten unterstützt (begleitet / assistiert).

*The doctor on the floor is aided (accompanied / assisted) by two assistants.*

**14.** Der Arm muß eingerenkt werden.
    geröntgt
    amputiert
    verbunden

*The arm must be set.*
    *X-rayed.*
    *amputated.*
    *bandaged.*

**15.** Er muß den Arm wochenlang im Gipsverband tragen.

*He has to keep his arm in a cast for weeks.*

**16.** Er muß drei Wochen an Krücken (am Stock) gehen.

*He has to use crutches (a cane) for three weeks.*

**17.** Der Kranke muß sofort operiert werden.

*The sick person must be operated on at once.*

**18.** Der Operationssaal ist im dritten Stock.

*The operating room is on the 4th floor.*

**19.** Der Patient bekommt eine Nar-kose.

*The patient receives an anesthetic.*

eine örtliche Betäubung.

*a local anesthetic.*

**20.** Die Blinddarmoperation dauert nur eine Stunde.

*The appendectomy only lasts an hour.*

**21.** Die ärztliche Behandlung ist sehr teuer (kostspielig) und dauert meh-rere Wochen.

*The medical treatment is very expensive and lasts several weeks.*

## B. Fachärzte (Spezialisten)

## Specialists

**1.** der Augenarzt (-ärztin)
   Chirurg
   Frauenarzt (und Geburtshelfer)
   Facharzt für innere Krankheiten
    (Internist)
   Hals-, Ohren- und Nasenarzt
   Hautarzt
   Herzspezialist
   Kinderarzt
   Nervenarzt
   Zahnarzt

*the eye doctor*
*  surgeon*
*  gynecologist ( and obstetrician)*

*  internist*
*  ear, nose and throat specialist*
*  dermatologist*
*  heart specialist*
*  pediatrician*
*  neurologist*
*  dentist*

## C. Krankheiten

## Illnesses

**1.** Ich habe eine schwere (leichte) Erkältung.

*I have a bad (slight) cold.*

**2.** Er hat einen starken Husten.

*He has a bad cough.*

**3.** Er hustet dauernd.

*He coughs all the time.*

**4.** Das Kind hat Keuchhusten (*m*).   *The child has whooping cough.*

**5.** Mein Sohn hat die Masern.   *My son has the measles.*

**6.** Meine Kommilitonin hat eine   *My classmate has appendicitis.*
Blinddarmentzündung.

**7.** Jedes Jahr im Herbst hat er   *Every year in the fall he gets the flu.*
die Grippe.

**8.** Er mußte mit der Lungenent-   *He had to go to the hospital for his (or*
zündung ins Hospital.   *with) pneumonia.*

**9.** Sie haben eine Mandelentzün-   *You have tonsilitis.*
dung.

**10.** Er hat sich eine Geschlechts-   *He has become infected with a venereal*
krankheit zugezogen.   *disease.*

**11.** Gegen Krebs (*m*). gibt es noch   *There is still no effective cure for cancer.*
kein wirksames Mittel.

## Suggested Exercises

**1.** Ihre Zimmerfreundin bekommt plötzlich Schmerzen im Unterleib. Sie glauben, daß es eine Blinddarmentzündung ist. Sie rufen das Krankenhaus an (Siehe Kapitel: „Am Telefon") und bekommen den Bescheid, Ihre Freundin sofort ins Krankenhaus zu bringen. Berichten Sie den ganzen Vorgang und ebenfalls, was Sie erleben, als Sie im Krankenhaus ankommen.

**2.** „Einst und heute." Besprechen Sie, welche Fortschritte wir in den letzten zwei oder dreihundert Jahren gemacht haben. Stellen Sie sich vor, wie es früher in einem Krankenhaus aussah und wie es jetzt ist.

**3.** Besprechen Sie, warum wir Fachärzte brauchen. Erklären Sie, welche Spezialisten heute einen Kranken in einem Krankenhaus behandeln können und welche Krankheiten sie behandeln.

**4.** Stellen Sie sich vor, Sie wären eine Krankenschwester oder ein Assistenzarzt. Berichten Sie über einen typischen Tag im Krankenhaus.

## **11.** Die Autopanne          *Trouble with the Car*

**1.** Vor Beginn der Fahrt prüfen Sie das Öl.

*Before starting to drive, check the oil.*

    den Ölstand.
    die Batterie.
    den Keilriemen.
    das Benzin.
    die Reifen.
    den Luftdruck.
    die Bremsen.
    die Außenbeleuchtung.

    *the level of the oil.*
    *the battery.*
    *the fan belt.*
    *the gas.*
    *the tires.*
    *the air pressure.*
    *the brakes.*
    *the outside lights.*

**2.** Die Batterie ist entladen (muß wieder aufgeladen werden).

*The battery is run down (needs to be recharged).*

**3.** Der Keilriemen ist gerissen.

*The fan belt is broken.*

**4.** Das Benzin ist mir ausgegangen.

*I ran out of gas.*

**5.** Die Sicherung ist durchgebrannt.

*The fuse is burned out.*

**6.** Der rechte Vorderreifen (linke Hinterreifen) ist geplatzt.

*The right front tire (left rear tire) blew out.*

**7.** Die Bremsen versagten.

*The brakes failed.*

**8.** Ich brauche neue Zündkerzen.

*I need new sparkplugs.*

**9.** Die Zündkerzen müssen gereinigt werden.

*The sparkplugs need to be cleaned.*

**10.** Der linke Scheinwerfer war kaputt.

*The left headlight was broken.*

**11.** Der Wagen streikte (ging einfach nicht mehr / blieb plötzlich stehen).

*The car "went on strike" (simply wouldn't go / suddenly stopped).*

**12.** Er mußte den Reifen wechseln.

*He had to change the tire.*

**13.** Er hatte keinen Wagenheber (kein Reserverad / keinen Verbandkasten) im Kofferraum.

*He didn't have a jack (a spare tire / a first-aid kit) in the trunk.*

**14.** Er ging (fuhr) zur nächsten Tankstelle.

*He went on foot (drove) to the next gas station.*

**15.** Er nahm den Benzinkanister und ging in die nächste Ortschaft, um Benzin zu holen.

*He took the gas can and went into the next town to get some gas.*

**16.** Er setzte sich in den Wagen (stieg in den Wagen ein / sprang aus dem Wagen).

*He took a seat in the car (climbed into the car / jumped out of the car).*

**17.** Er saß vorn (hinten / neben mir).

*He was sitting in front (in the rear / next to me).*

**18.** Er setzte sich ans Steuer.

*He got behind the wheel.*

**19.** Er läßt den Motor anlaufen.

*He starts the motor.*

**20.** Ich drückte auf den Anlasser und auf einmal lief der Wagen wieder.

*I pressed on the starter and all of a sudden the car started again.*

**21.** Der Motor springt nicht an.

*The motor won't start.*

**22.** Er fuhr rückwärts in die Lücke (Parklücke) ein.

*He backed into the empty space (the parking space).*

**23.** Sie mieten eine Garage oder parken ihren Wagen einfach auf der Straße.

*They rent a garage or simply park their car on the street.*

**24.** In der Stadt gibt es überall öffentliche Parkplätze (Parkhäuser).

*In the city there are public parking lots (garages) everywhere.*

**25.** Die Parkgebühr beträgt eine Mark pro Stunde.

*The parking fee is 1 mark per hour.*

**26.** Ich drosselte den Motor.

*I choked the motor.*

**27.** Er gab Gas (Vollgas).

*He stepped on the gas (gave it full throttle or "floored" it).*

**28.** Er nahm Gas weg.

*He took his foot off the gas.*

**29.** Er schaltete zurück (in den dritten Gang / in den Rückwärtsgang).

He shifted down (into third gear / into reverse).

**30.** Er schaltete den Motor aus.

He turned off the motor.

**31.** Er rief den Abschleppdienst an.

He called the towing service.

**32.** Der Wagen wurde abgeschleppt.

The car was towed away.

**33.** Sie schnallten die Sicherheitsgurte an.

They fastened their safety belts.

**34.** Er legt Schneeketten an, um sicherer fahren zu können.

He puts on chains in order to be able to travel more safely.

**35.** Er setzte Frostschutzmittel zu.

He added some antifreeze.

**36.** Er hört im Rundfunk den Straßenzustandsbericht.

He is listening to the road report on the radio.

**37.** Wenn man eine Panne hat, fährt man zu einer Reparaturwerkstatt, oder läßt seinen Wagen dorthin abschleppen, um den Schaden beheben zu lassen.

If you have trouble (with your car), you drive to a service station or you have the car towed there to have the trouble fixed.

**38.** Bitte lassen Sie das Öl ab.
    wechseln Sie das Öl.
    füllen Sie das Kühlwasser (das Öl) nach.
    schmieren Sie den Wagen ab.
    stellen Sie die Bremsen nach.
    reparieren sie den linken Scheinwerfer.

Please drain the oil.
    change the oil.
    put some water in the radiator (add some oil).
    lubricate the car.
    adjust the brakes.
    repair the left headlight.

**39.** Es ist etwas nicht in Ordnung am Wagen.
    am Motor.
    an den Lampen.
    an den Bremsen.
    an der Lenkung.
    an der Lichtmaschine.
    mit den Reifen.
    an der Kupplung.

Something is wrong with the car.
    the motor.
    the lights.
    the brakes.
    the steering.
    the generator.
    the tires.
    the clutch.

| | |
|---|---|
| an der Stoßstange. | *the bumper.* |
| am Treibstoffsystem. | *the fuel system.* |
| mit dem ersten Gang. | *low gear.* |
| mit den Scheibenwischern. | *the windshield wipers.* |
| mit dem Auspuff. | *the exhaust.* |

**40.** Volltanken bitte.        *Fill 'er up please.*

**41.** Darf ich volltanken?       *Shall I fill it up?*

**42.** Soll ich den Luftdruck prüfen?    *Shall I check the air?*

**43.** Ihr rechter Hinterreifen scheint etwas schlaff zu sein.     *Your right rear tire seems to be a little soft.*

**44.** Vorn 1,8 und hinten 2,0.     *26 (lbs.) in the front and 30 in the back.*

**45.** ein Gebrauchtwagen     *a used car*
ein Zweitwagen     *a second car*
der Tankwart     *the service-station attendant*
der Meister     *the chief mechanic*
der Autoschlosser     *the automobile mechanic*

## Suggested Exercises

**1.** Sie haben eine kleine Panne mit Ihrem Auto und kommen deshalb spät in die Schule. Erzählen Sie Ihrem Lehrer, wie das vor sich ging.

**2.** Sie fahren mit Ihrem Auto einkaufen. Endlich finden Sie einen Parkplatz, mit Parkuhr natürlich. Nach dem Einkaufen springt der Motor nicht an. Sie steigen wieder aus und wollen einen Freund holen, der etwas von Autos versteht. Bei Ihrer Rückkehr finden Sie eine Anzeige auf der Fensterscheibe. Sie finden das ungerecht und gehen aufs Gericht, um dem Richter die ganze Angelegenheit zu erzählen und gegen die Anzeige zu protestieren. Berichten Sie den ganzen Hergang. *Abwandlung:* Schreiben Sie einen Dialog zwischen dem „unglücklichen" Autofahrer und dem Richter.

**3.** Ihr Wagen geht nicht mehr. Schreiben Sie einen Brief an Ihren Vater, in dem Sie erklären, was mit Ihrem alten Wagen los ist und warum Sie einen neuen kaufen wollen.

**4.** Was man in der Fahrschule nicht lernt. Schreiben Sie eine Kritik an der Ausbildung in der Fahrschule, in der Sie das beschreiben, was man in der Fahrschule nicht lernt.

**5.** Sie bekommen einen Anruf von Ihrem Chef. Sie müssen sich sofort bei der Arbeit melden. Sie springen ins Auto. Es springt nicht an. Rufen Sie Ihren Chef wieder an und erzählen Sie ihm Ihre Panne. (Siehe auch den Abschnitt: „Am Telefon", p. 74.)

**6.** Sie hatten gestern abend eine Verabredung mit einem hübschen jungen Mädchen. Nach dem Tanz brachten Sie die junge Dame im Wagen nach Hause. An einer passenden Stelle (auf einem Waldweg, am Strand bei Mondschein) bleibt der Wagen plötzlich stehen. Sie haben eine „Panne". Sie steigen aus und hantieren am Motor, aber der Wagen springt nicht mehr an. Erzählen Sie den Vorgang vom Standpunkt a) des Fahrers, der die „Panne" absichtlich verursacht hat, b) der jungen Dame, die genau weiß, was vor sich geht oder c) der jungen Dame, die naiv ist und zu helfen versucht, den Wagen wieder in Gang zu bringen. *Variation:* Das Hobby der jungen Dame ist Automechanik. Beschreiben Sie den Vorgang nun a) vom Standpunkt des verdutzten Fahrers und b) vom Standpunkt der Studentin.

# 12. Der Autounfall
## The Automobile Accident

**1.** Er hat einen Unfall gehabt (erlitten / vermieden).

*He had (suffered / avoided) an accident.*

**2.** Er ist während seines Urlaubs in einen Unfall verwickelt worden.

*During his vacation he was involved in an accident.*

**3.** Er kontrollierte die Geschwindigkeit auf dem Tachometer.

*He checked the speed on the speedometer.*

**4.** Gestern ereignete sich ein (schwerer / leichter / unbedeutender) Verkehrsunfall.

*Yesterday a (severe, slight, minor) traffic accident occurred.*

**5.** Er beschleunigte (setzte . . . herab) das Tempo (die Geschwindigkeit).

*He increased (decreased) the tempo (speed).*

**6.** Er wechselte aus der linken Fahrspur in die rechte über.

*He changed from the left lane into the right.*

**7.** Er wechselte die Fahrbahn.

*He changed lanes.*

**8.** Er fuhr auf der linken Fahrbahn (Fahrspur / linken Seite / rechts).

*He was traveling in the left lane (lane/ on the left side / on the right).*

9. Er fuhr scharf rechts (links).

He turned abruptly to the right (left).

in die Kreuzung hinein, ohne vorher zu halten.

drove into the intersection without first stopping.

aus der Kreuzung (heraus), ohne nach links zu schauen.

drove out of the intersection without looking to the left.

rückwärts.

drove backwards.

in vollem Tempo gegen die Mauer (durch die Kreuzung).

drove against the wall (through the intersection) at full speed.

gegen einen Baum.

ran into a tree.

in den Graben.

ran into the ditch.

gegen den Rinnstein.

ran into the curb.

durch ein rotes Licht.

drove through a red light.

auf einmal langsamer (schneller).

All of a sudden he drove more slowly (faster).

aus der Garage mitten auf die Straße.

He drove out of the garage into the middle of the street.

recht vorsichtig (unvorsichtig).

He drove very carefully (carelessly).

zu schnell (sehr langsam, sehr unvorsichtig, rücksichtslos).

He drove too fast (very slowly, very carelessly, recklessly).

10. falsches Überholen

improper passing

zu schnelles Fahren

driving too fast

leichtsinnige Vorfahrtsfehler

careless disregard of the right-of-way

unvorschriftsmäßiges Einbiegen

improper turning

Mißachtung der Verkehrszeichen

failure to observe traffic signs

Überschreiten der Geschwindigkeitsgrenze

exceeding the speed limit

Häufiges Wechseln der Fahrbahn

frequent changing of lanes

das Fahren ohne Licht

driving without lights

das Parken unter Halteverbot

parking in a nonstopping area

das Überfahren eines roten Stopplichts

going through a red light

Nichteinhalten der rechten Fahrbahn

not staying in the right lane

11. Er holte schnell auf.

He quickly caught up (or he closed the gap).

12. Der Omnibus hatte wieder aufgeschlossen.

The bus had caught up again.

**13.** Er überholte einen Lastwagen.     *He passed a truck.*

**14.** Er mußte scharf bremsen.     *He had to brake abruptly (or stop abruptly).*

**15.** Er trat mit aller Kraft auf die Bremse.     *He stepped on the brakes as hard as he could.*

**16.** Er trat kräftig auf den Gashebel.     *He pressed down heavily on the gas pedal.*

**17.** Die Bremsspuren waren mehrere Meter lang.     *The skid marks were several meters long.*

**18.** Fast hatte er die Abzweigung verpaßt.     *He almost missed the junction (or turn-off).*

**19.** Er beschleunigte scharf (sanft).     *He accelerated rapidly (slowly or gently).*

**20.** Der PKW fuhr an den Zebrastreifen heran.     *The passenger car approached the pedestrian lane.*

**21.** Der Opel hielt etwa 50 Meter Abstand.     *The Opel maintained a distance (or interval) of about 50 meters.*

**22.** Er fuhr in 50 Meter Abstand.     *He was following at a distance of about 50 meters.*

**23.** Er gab das Zeichen zum Abbiegen nach links (rechts).     *He gave the signal for a left (right) turn.*

**24.** Er bog in die Universitätsstraße ein.     *He turned into University Street.*

**25.** Er bog nach links ab.     *He turned off to the left.*

**26.** Er hielt an der Kreuzung (nicht) an.     *He stopped (didn't stop) at the intersection.*

**27.** Wir standen an der Ampel und hatten Rot.     *We were stopped at the traffic light (or: signal) and it was red.*

**28.** Die Ampel sprang auf Grün.     *The light changed to green.*

**29.** Die Polizei erschien innerhalb weniger Minuten.     *The police arrived within a few minutes.*

**30.** Zeigen Sie mir bitte Ihren Führerschein.

*Please show me your driver's license.*

**31.** Der Beamte stieg aus dem Auto und ging auf den Lastwagen zu.

*The officer got out of the car and went toward the truck.*

**32.** Er ist mit einem Lastwagen zusammengestoßen.

*He collided with a truck.*

**33.** Zwei Autos sind zusammengestoßen.

*Two cars collided.*

**34.** Er wurde von einem Auto angefahren.

*He was hit by a car.*

**35.** Er hatte seinen Hintermann beim Zurücksetzen gerammt und dabei seine Rückleuchten beschädigt.

*While backing up he had run into the man behind him and in so doing had damaged his tail lights.*

**36.** Sie rammte ihn von der Seite.

*She rammed into him from the side.*

**37.** Sie wollte nicht von hinten angefahren werden.

*She didn't want to be run into from behind.*

**38.** Ein Auto ist auf ein anderes aufgefahren (geprallt).

*One car ran into (banged into) another.*

**39.** Sie hat das Kind (den Radfahrer / den Hund) überfahren.

*She ran over the child (the cyclist / the dog).*

**40.** Er warf einen Blick in den Rückspiegel.

*He glanced into the rear-view mirror.*

**41.** Er sah in den Rückspiegel.

*He looked into the rear-view mirror.*

**42.** Im Rückspiegel sah er einen schwarzen Wagen.

*In the rear-view mirror he saw a black car.*

**43.** Sie verlor die Gewalt (die Herrschaft) über ihren Wagen (ihr Fahrzeug).

*She lost control over her car (her vehicle).*

**44.** Er hat das Auto falsch (nicht richtig / verkehrt herum) geparkt.

*He parked the car improperly (in the wrong direction).*

**45.** Er hat den hinteren Kotflügel eingebufft (eingebeult).

*He dented the back fender.*

**46.** Ich fuhr so hundert (Kilometer) in der Stunde.

*I was going about 60 (m.p.h.).*

**47.** Er hatte Vorfahrt (das Vorfahrtsrecht).

*He had the right-of-way.*

**48.** Er konnte nicht mehr rechtzeitig anhalten.

*He was unable to stop in time.*

**49.** Sie hat die Vorfahrt nicht beachtet.

*She didn't observe the right-of-way.*

**50.** Sie hat das Haltezeichen nicht beachtet.

*She didn't observe the stop sign.*

**51.** Sie hatte nicht abgeblendet.

*She hadn't dimmed her lights.*

**52.** Er blendete wieder auf.

*He put the lights on high beam again.*

**53.** Er überfuhr ein rotes Stopplicht (das Signal).

*He went through a stop light (signal).*

**54.** Das Motorrad wurde nach rechts geschleudert, und der Fahrer überschlug sich mehrfach in der Luft und landete auf dem harten Pflaster.

*The motorcycle was thrown to the right and the driver somersaulted several times in the air and landed on the hard pavement.*

**55.** Der Wagen schleuderte nach links.

*The car skidded toward the left.*

**56.** Der Wagen kam (geriet) auf dem nassen Asphalt ins Schleudern.

*On the wet asphalt the car went into a skid.*

**57.** Der Fahrer beteuerte seine Unschuld.

*The driver protested his innocence.*

**58.** Ein alter Fußgänger überquerte die Straße.

*An old pedestrian crossed the street.*

**59.** Das Auto hupte mehrmals.

*The car honked several times.*

**60.** Er holte Hilfe herbei (rief bei der Polizeiwache an).

*He summoned help (called the police station).*

**61.** Er stellte die Personalien der Zeugen fest.

*He identified the witnesses.*

**62.** Er mußte als Zeuge vor Gericht erscheinen (eine Aussage machen).

*He had to appear as a witness in court (to make a statement).*

**63.** Der Unfallwagen (der Krankenwagen / die Feuerwehr / der Streifenwagen der Polizei) kam mit heulender Sirene.

*The emergency car (ambulance / fire engine / police squad car) arrived with siren wailing.*

**64.** Er hatte sich eine Strafanzeige zugezogen.

*He had gotten a traffic ticket.*

**65.** Der Polizeibeamte hat ihn wegen Mißachtung der Vorfahrt aufgeschrieben.

*The police officer gave him a ticket for failing to observe the right-of-way.*

**66.** Haben Sie eine Versicherung?

*Do you have insurance?*

**67.** Sind Sie versichert?

*Are you insured?*

**68.** Haben Sie eine Haftpflichtversicherung für das Auto?

*Do you have liability insurance for your car?*

**69.** Wir müssen die Polizei (an-)rufen (verständigen).

*We must call (notify) the police.*

**70.** Er war leicht (schwer / kaum) verletzt und mußte ins Krankenhaus eingeliefert (gebracht) werden.

*He was slightly (severely / scarcely) injured and had to be admitted (taken) to the hospital.*

**71.** Sie war unverletzt (bewußtlos / ohnmächtig / tot).

*She was uninjured (unconscious / dead).*

**72.** Sie hatte eine Verletzung am Kopf (Bein, usw.).

*She had a head (leg, etc.) injury.*

**73.** Ich wollte doch bloß einem Fußgänger ausweichen.

*All I wanted to do was avoid a pedestrian.*

## Suggested Exercises

1. Stellen Sie sich vor, Sie wären der Polizeibeamte, der an den Ort des Unfalls gerufen worden ist. Nachdem Sie alle Tatsachen festgestellt haben, machen sie Ihren Bericht. Schreiben Sie diesen Bericht ganz sachlich, nüchtern und objektiv.

2. Sie sind Berichterstatter an einer kleinen Zeitung, die etwas sensationell schreibt. Sie haben den Unfall gesehen und schreiben jetzt Ihren Bericht für die nächste Ausgabe. Da in Ihrer kleinen Ortschaft nicht viel Neues geschieht, müssen Sie Ihren Bericht so aufregend und sensationell wie möglich schreiben.

3. Als Polizist sind Sie gerade an den Unfallort gerufen worden. Eine hübsche, junge Studentin und ein älterer Herr sind in den Unfall verwickelt. Sie verhören die beiden und auch mehrere andere Zeugen. Schreiben Sie das ganze Verhör in direkter Rede.

4. Sie haben den Unfall gesehen und sind als Zeuge von der Polizei verhört worden. Sie haben auch die Aussagen der anderen Zeugen gehört und festgestellt, daß sich manche Zeugen widersprechen. Sie erzählen nun den ganzen Vorgang in indirekter Rede Ihrem Vater oder Ihrer Mutter.

5. *Debatte:* Mehrere Studenten können sich auf eine Debatte vorbereiten und folgendes Thema mündlich diskutieren: „Frauen sind bessere Autofahrer als Männer und verursachen weniger Unfälle."

# 13. Urlaub und Reisen    *Vacation and Travel*

**1.** Wir werden im Sommer eine Reise machen.

*We will take a trip this summer.*

**2.** Wir wollen nach Kalifornien in Urlaub fahren.

*We want to go to California on vacation.*

**3.** Wir werden den Sommerurlaub in Hawaii und den Winterurlaub in Florida verbringen.

*We will spend summer vacation in Hawaii and winter vacation in Florida.*

**4.** Mein Vater hat jedes Jahr 23 Tage Urlaub.

*Every year my father has 23 days vacation.*

**5.** In den Sommerferien fahren wir an die See.

*During summer vacation we're going to the ocean.*

**6.** Wir verbrachten unseren Urlaub (unsere Ferien) in den Bergen.

*We spent our vacation (holidays) in the
mountains.*

**7.** Ich freue mich auf den Urlaub
im nächsten Jahr.

*I am looking forward to my vacation
next year.*

**8.** Er mußte seinen Urlaub unterbrechen (abbrechen).

*He had to interrupt (break off) his
vacation.*

**9.** Was kosten zwei Wochen Urlaub in Österreich?

*How much does a two-week vacation
in Austria cost?*

**10.** Wir machen nächstes Jahr Urlaub in der Schweiz.

*Next year we're going to spend our
vacation in Switzerland.*

**11.** Ich will meine Großeltern in
Hamburg besuchen.

*I want to visit my grandparents in
Hamburg.*

**12.** Meine Tante aus Bremen kommt
im Frühjahr zu Besuch.

*In the spring my aunt from Bremen is
coming for a visit.*

**13.** In der Vor- oder Nachsaison ist
es nicht so teuer wie in der Haupt-
saison; außerdem ist die Bedienung
besser (aufmerksamer).

*During the pre- or post-season, it isn't
as expensive as during the main season:
besides, the service is better (the personnel is more attentive).*

**14.** Wir übernachten im Hotel
Frankfurter Hof.

*We stay overnight in the Frankfurter Hof
Hotel.*

**15.** Das erste Motel war bereits
belegt.

*The first motel was already filled up.*

**16.** Mit unserem Ausweis können
wir in der Jugendherberge übernachten.

*We can stay overnight in a youth hostel
with our membership card.*

**17.** Das Motel hat nur noch Ein-
zelzimmer (Doppelzimmer) mit Bad
frei.

*The motel has only single (double)
rooms with bath available.*

**18.** Ich fühle mich in einer Pension
wohler als im Hotel.

*I feel more at home in a boarding-house
than I do in a hotel.*

**19.** Wir nehmen unser Zelt mit und schlagen es auf dem Zeltplatz (Campingplatz) auf.

*We take our tent along and set it up at the camping ground.*

**20.** Wir schlafen im Schlafsack in einer Scheune.

*We sleep in our sleeping bags in a barn.*

**21.** Er ist per Anhalter durch ganz Deutschland gefahren.

*He hitchhiked all through Germany.*

**22.** Das Flugzeug landet um 15.30 Uhr auf dem Frankfurter Flughafen.

*The airplane lands at 3:30 p.m. at the Frankfurt airport.*

**23.** Er fliegt von Köln über Paris nach New York.

*He is flying from Cologne to New York via Paris.*

**24.** Er fliegt mit der Lufthansa.

*He is going Lufthansa.*

**25.** Es ist eine Düsenmaschine der TWA.

*It is a TWA jet.*

**26.** Wir haben nur eine Zwischenlandung in Chicago; dort haben wir eine Stunde Aufenthalt.

*We have only one stop in Chicago; there we stop for an hour.*

**27.** Die Maschine mußte zwei Stunden lang über dem New Yorker Flughafen kreisen, weil sie keine Landeerlaubnis erhalten hatte.

*The plane had to circle over the New York airport for two hours because it had not received permission to land.*

**28.** Die Passagiere (Fluggäste) müssen sich in den Sitzen anschnallen (die Sicherheitsgurte anschnallen).

*The passengers have to fasten their seat belts.*

**29.** Beim Start und bei der Landung ist das Rauchen verboten.

*Smoking is forbidden during takeoff and landing.*

**30.** Die Stewardeß serviert ein warmes Essen (kaltes Büfett).

*The stewardess serves a warm meal (cold buffet).*

**31.** Das Flugzeug hat eine Stunde Verspätung.

*The plane is an (one) hour late.*

**32.** Die Koffer müssen wir an der Gepäckausgabe abholen.

*We have to get our luggage at the baggage counter.*

**33.** Ich möchte einen Flug nach San Francisco buchen.

*I would like to book a flight to San Francisco.*

**34.** Haben Sie sich bereits Ihre Platzkarte abgeholt?

*Did you already get a seat reservation?*

**35.** Ich rief den Flughafen an und buchte einen Platz in der Maschine nach Chicago um 18.45 Uhr.

*I called the airport and booked a seat on the flight to Chicago at 6:45 p.m.*

**36.** Von Chicago aus konnte ich am Morgen nach Minneapolis weiterfliegen.

*From Chicago I was able to fly on, in the morning, to Minneapolis.*

**37.** Auf dem Flugplatz herrschte Hochbetrieb. Alle drei Minuten startete eine Maschine.

*The airport was bustling. Every three minutes a plane took off.*

**38.** Drüben startete ein Düsenclipper.

*Over there a jet clipper was starting.*

**39.** Jetzt wurde der Transatlantikflug nach Frankfurt aufgerufen.

*Then the Trans-Atlantic flight to Frankfurt was announced.*

**40.** Welchen Platz haben Sie denn? Platz Nummer 18.

*What's your seat? (I have) seat (number) 18.*

**41.** Er nahm zwei Reihen hinter ihr Platz.

*He sat down two rows behind her.*

**42.** Bitte nehmen Sie meinen Platz am Fenster. Ich nehme gern den Platz an der Gangseite.

*Please take my seat by the window. I like the seat by the aisle.*

**43.** Es ist mein erster Flug (meine erste Flugreise).

*It's my first flight. (my first trip on an airplane.)*

**44.** Der Flugkapitän ging in die Flugkanzel (Pilotenkanzel).

*The captain went into the cockpit.*

**45.** Der Rückflug verlief nicht so glatt.

*The return flight was not as smooth.*

**46.** Hoffentlich werde ich nicht luftkrank. Die Stewardeß hat Tabletten gegen Luftkrankheit.

*I hope I won't get airsick. The stewardess has pills for airsickness.*

**47.** Das Schiff legt im Hafen an (läuft nachmittags aus).

*The ship docks at the port (leaves in the afternoon).*

**48.** Die Passagiere gehen an (von) Bord.

*The passengers (dis)embark.*

**49.** Meine Kabine liegt mittschiffs (im Heck / vorne).

*My cabin is in the center (at the back / in the front) of the ship.*

**50.** Die Seereise von Bremerhaven nach New York dauert 5 Tage.

*The voyage from Bremerhaven to New York takes five days.*

**51.** Auf der Hinfahrt war die See so glatt wie ein Spiegel, aber auf der Rückreise hatten wir hohen Seegang (stürmisches Wetter).

*Going over, the sea was as smooth as glass, but coming back (or on the return voyage) the sea was rough (we had stormy weather).*

**52.** Wir gerieten in einen furchtbaren Sturm.

*We got into a terrible storm.*

**53.** Wir hatten schreckliches Wetter, und alle waren seekrank.

*We had horrible weather and everyone was seasick.*

**54.** Ich überquere den Atlantik immer im Sommer, weil das Wetter dann schön und die See ruhig ist. Es ist oft ganz windstill.

*I always cross the Atlantic in the summer because then the weather is pleasant and the sea calm. Often there is no wind at all.*

**55.** Ich gehe jeden Tag mindestens zwei Stunden an Deck.

*Every day I spend at least two hours on deck.*

**56.** Wir müssen den Kanal mit der Fähre überqueren.

*We have to cross the channel on a ferry.*

**57.** Wir fahren mit dem Rheindampfer von Mainz nach Koblenz.

*We travel from Mainz to Koblenz on the Rhine steamer.*

**58.** Er löst die Fahrkarten am Schalter in der Bahnhofshalle (im Reisebüro).

*He buys the tickets at the window in the railroad station (travel agency).*

**59.** Der Zug fährt vom Westbahnhof ab.

*The train leaves from the west station.*

**60.** Ich habe mir einen Fensterplatz reservieren lassen.

*I reserved a place (for myself) by the window.*

**61.** Ich habe eine Platzkarte.

*I have a seat reservation.*

**62.** Der Zug kommt auf Bahnsteig 7 an und hat 3 Minuten Aufenthalt.

*The train arrives on track 7 and makes a three-minute stop.*

**63.** Er ist auf der Durchreise nach Basel.

*He is on his way to Basel.*

**64.** Im Abteil sitzen bereits drei Leute.

*There are already 3 people in the compartment.*

**65.** Er legt seinen Koffer ins Gepäcknetz.

*He puts his suitcase on the luggage rack.*

**66.** An der Sperre (als der Schaffner kommt,) muß er seine Fahrkarte zeigen.

*He has to show his ticket at the gate (when the conductor comes).*

**67.** Er muß zweimal umsteigen, zuerst in Hannover und dann in München.

*He has to change trains twice, first in Hanover and then in Munich.*

**68.** Das Umsteigen mit viel Gepäck ist unangenehm.

*Transferring with a lot of luggage is unpleasant.*

**69.** Der Zug hat zehn Minuten Verspätung.

*The train is 10 minutes late.*

**70.** Der Gepäckträger bringt meine Koffer zum Zug.

*The porter takes my bags to the train.*

**71.** Ich gebe meine Koffer auf (an der Gepäckabgabe ab).

*I check my bags (at the baggage counter).*

**72.** Fahren Sie erster oder zweiter Klasse?

*Are you traveling first or second class?*

**73.** Es besteht keine direkte Verbindung von Hamburg nach Bonn.

*There is no direct connection between Hamburg and Bonn.*

**74.** Wir können im Speisewagen frühstücken.

*We can have (or eat) breakfast in the dining car.*

**75.** Der Schlafwagen ist belegt, aber wir können unsere Sitze in die Liegelage bringen.

*The sleeping car is filled, but we can adjust our seats into a reclining position.*

**76.** Der Aussichtswagen ist hinten im Zug.

*The observation car is toward the back of the train.*

**77.** Wir fahren mit dem Wagen (Auto) in die Schweiz.

*We are driving (by car) to Switzerland.*

**78.** Auf der Autobahn kann man es in sechs Stunden schaffen.

*We can make it in six hours on the freeway.*

**79.** In unserem neuen Wohnwagen können vier Erwachsene schlafen.

*Four adults can sleep in our new camping trailer.*

**80.** Mit dem Bus hat man eine bessere Verbindung als mit der Bahn.

*The bus connection is better than the train connection.*

**81.** Der Bus fährt um 18.25 Uhr vom Busbahnhof ab.

*The bus leaves the bus station at 6:25 p.m.*

**82.** Ich möchte einen Fensterplatz (einen Platz am Gang) haben.

*I would like a window seat (a seat on the aisle).*

**83.** In diesem Staat darf man während der Fahrt nicht rauchen.

*There is no smoking in this state while the bus is in motion.*

**84.** Neben mir sitzt ein älterer Herr, der nach El Paso fährt.

*Next to me there is an elderly gentleman who is going to El Paso.*

**85.** Wenn man schlafen will, kann man die Lehne des Sitzes verstellen (den Sitz etwas zurücklehnen).

*If one wants to sleep one can adjust the back of the seat (push back the seat a little).*

**86.** Die Fahrt ist furchtbar langweilig und eintönig.

*The journey is terribly boring and dull.*

## Suggested Exercises

1. Sie planen mit ein paar Freunden oder mit Ihrer Familie eine Reise nach Europa. Besprechen Sie, welche Vorbereitungen Sie treffen müssen, wo und wann Sie Ihre Plätze belegen müssen, welche Transportmittel Sie in Anspruch nehmen wollen, welche Länder und Städte Sie besuchen wollen, usw.

2. Beschreiben Sie Ihre letzte große Reise. Fangen Sie mit den Vorbereitungen an und erzählen Sie dann die eigentliche Fahrt (oder den eigentlichen Flug).

3. Stellen Sie sich vor, daß Sie auf einem großen internationalen Flughafen sind. Beschreiben Sie alles, was etwa innerhalb einer Stunde vor sich geht. *Abwandlung:* Beschreiben Sie, was in einem Passagierhafen, in einem (Bus) Bahnhof vor sich geht.

4. Diskutieren Sie das Thema: „Ich würde lieber in einer Jugendherberge oder auf einem Campingplatz übernachten als in einem Luxushotel".

5. Schreiben Sie einen Dialog zwischen einem deutschen und einem amerikanischen Studenten, die ihre Reiseerlebnisse besprechen. Der Amerikaner (die Amerikanerin) war ein halbes Jahr in Deutschland und der Deutsche (die Deutsche) ein halbes Jahr in Amerika. Sie lernen sich in einer Jugendherberge in Oberbayern kennen.

# 14. An der Grenze

# *At the Border*

**1.** Die Grenze zwischen Deutschland und Frankreich verläuft ein Stück am Rhein.

*The border between Germany and France runs along the Rhine for a way.*

**2.** An der Grenze müssen alle Fahrzeuge zur Kontrolle anhalten.

*All vehicles must stop and be checked at the border.*

**3.** Wenn ich ins Ausland reise, werde ich an der Grenze vom Zoll kontrolliert.

*When I travel abroad I am checked by customs at the border.*

**4.** Der Zollbeamte kontrolliert die Pässe.

*The customs official checks the passports.*

prüft die Wagenpapiere.
verlangt den Paß (die Papiere).

*checks the car registration.*
*asks to see the passport ( the papers).*

bittet um die Papiere.
trägt eine grüne Uniform.
grüßt höflich.
fragt, ob wir etwas zu verzollen haben.

*asks for the papers.*
*wears a green uniform.*
*greets you courteously.*
*asks if we have anything to declare.*

**5.** Der Beamte fragt den Reisenden, ob er verzollbare (zollpflich-
tige) Waren bei sich hat (mit sich
führt / im Gepäck oder im Wagen hat).

*The official asks the traveler whether he
has with him (is carrying with him /
has in his luggage or in his car) any
goods that must be declared.*

**6.** Der Zöllner durchsucht den
Koffer (die Aktentasche).

*The customs official looks through the
suitcase (or trunk) (briefcase).*

**7.** Die Reisenden müssen den
Reisepaß vorzeigen.

*The travelers have to present their
passports.*

**8.** Die Beamten kommen ins Abteil des Zuges (an den Wagen) und
verlangen den Paß.

*The officials come into the compartment
of the train (up to the car) and ask to
see passports.*

**9.** Die Zollkontrolle findet im Abteil des Zuges (an der Sperre / an
der Grenze) statt.

*The customs check takes place in the
compartment of the train (at the check-
point / at the border).*

**10.** Lebensmittel, persönliches Eigentum und Tabak in kleinen
Mengen sind zollfrei.

*Food, personal belongings and tobacco
in small amounts are duty-free.*

**11.** Tabakwaren und Alkohol müssen
an der Grenze verzollt werden.
  dürfen nicht mit über die Grenze
  genommen werden.
  dürfen nur in begrenzten Mengen mitgenommen werden.
  dürfen nicht eingeführt werden.

*Duty must be paid at the border for
tobacco and alcohol.*
  *Tobacco and alcohol may not be
  taken across the border.*
  *may be taken across the border
  only in limited amounts.*
  *may not be imported.*

**12.** Pro Person darf man 500 Gramm
Kaffee unverzollt einführen.

*Each person may import 500 grams of
coffee duty-free.*

**13.** Die unverzollten Waren werden
vom Beamten beschlagnahmt.

*The undeclared goods are confiscated by
the official.*

**14.** Im Kofferraum des Wagens wurde eine Kiste mit Zigarren entdeckt.

*A box of cigars was discovered in the trunk of the car.*

**15.** Der Reisende muß mit ins Zollhaus zur Leibesvisite. Der Beamte hat den Verdacht, daß er Rauschgift bei sich hat.

*The traveler is compelled to go along to the customs office to be searched. The official suspects that he has narcotics in his possession.*

**16.** Der Beamte bittet die Wageninsassen auszusteigen und durchsucht dann den ganzen Wagen.

*The official asks the occupants of the car to get out and then inspects the whole car.*

**17.** Der Fahrer des Wagens wird verhaftet, weil man Rauschgift gefunden hat.

*The driver of the car is taken into custody because narcotics were found.*

**18.** Der Beamte macht nur einige Stichproben, weil er keine Zeit hat, sämtliche Koffer genau zu überprüfen.

*The official makes only spot-checks because he doesn't have time to check all luggage carefully.*

**19.** Der Reisepaß ist abgelaufen (ist nicht mehr gültig).

*The passport has expired (is no longer valid).*

**20.** Der Reisende ist amerikanischer Staatsbürger.

*The traveler is an American citizen.*

**21.** Die Grenzkontrolle wird vorgenommen, um das Schmuggeln (das illegale Mitbringen) von verbotenen Waren zu verhindern.

*The border check is made in order to prevent the smuggling (illegal entry) of contraband (or: forbidden merchandise).*

**22.** An der Grenze nach Ostdeutschland oder nach Ungarn muß man sich ein Visum besorgen.

*At the border of East Germany or Hungary one has to obtain a visa.*

**23.** Ohne Visum wird dem Reisenden die Einreise verweigert.

*The traveler is not permitted to enter without a visa.*

**24.** Die Grenze ist schwer bewacht; überall sieht man bewaffnete Soldaten.

*The border is heavily guarded; everywhere you see armed soldiers.*

**25.** Ein Stacheldrahtzaun verläuft an der Grenze entlang.

*A barbed-wire fence runs along the border.*

**26.** In der Ferne sieht man Holztürme, die mit Maschinengewehren besetzt sind.

*In the distance one sees wooden towers which are armed with machine guns.*

**27.** Der westliche Teil der Stadt Berlin ist vom östlichen Teil durch eine Mauer getrennt.

*The western part of the city of Berlin is separated from the eastern part by a wall.*

**28.** Die Grenze wird vom Grenzschutz patrouilliert.

*The border is patrolled by the border guard.*

**29.** An der ungarisch-österreichischen Grenze kam es zu einem (schweren) Grenzzwischenfall.

*At the Hungarian-Austrian border a (serious) border incident occurred.*

**30.** Die Jordanier erklärten, daß die Israeliten ihre Grenze mehrfach verletzt hätten.

*The Jordanians declared that the Israelis had violated their border several times.*

**31.** Der Schlagbaum war geschlossen.
 war aus Eisen.
 wurde hoch gelassen.
 war mit den Landesfarben
  bestrichen.
 versperrte die Durchfahrt.

*The customs barrier was closed.*
 *was made of iron.*
 *was opened.*
 *was painted with the national
  colors.*
 *prevented transit.*

**32.** Hinter dem Schlagbaum fängt das Ausland an.

*The foreign country begins on the other side of the customs barrier.*

**33.** Neben dem Zollgebäude weht die Landesflagge.

*Next to the customs building the national flag is flying.*

**34.** Gleich hinter der Grenze kann man in einer Wechselstube deutsches in österreichisches Geld eintauschen.

*Just across the border one can exchange German money for Austrian money at the exchange office.*

**35.** Das Umtauschverhältnis vom amerikanischen Dollar zur Deutschen Mark ist etwas weniger als 1 : 3, 2 (eins zu drei Komma zwei).

*The exchange rate for the American dollar and the German mark is a little less than 1 : 3, 2.*

# Suggested Exercises

1. Stellen Sie sich vor, daß Sie an einem Grenzübergang sind, vielleicht zwischen den U.S.A. und Mexiko oder zwischen zwei europäischen Ländern. Es ist am Wochenende und viele Wagen warten darauf, abgefertigt zu werden. Beschreiben Sie die Situation. Beschreiben Sie auch, was die Zollbeamten tun, wie der Grenzübergang aussieht, usw.

2. Schreiben Sie einen Dialog zwischen einem Zollbeamten und einem Autofahrer, der mit seinem Wagen über die Grenze will (oder einem Touristen im Zug, der an der Grenze kontrolliert wird). Während der Beamte den Wagen (das Gepäck) genau untersucht, stellt er eine Reihe Fragen an Sie. Er erzählt Ihnen auch, daß er durch einen anonymen Anruf erfahren hat, daß jemand, der so aussieht wie Sie, Rauschgift über die Grenze schmuggeln will.

3. Spielen Sie „An der Grenze" mit vertauschten Rollen. Zwei Studenten spielen die Zollbeamten, drei oder vier sind Insassen eines VWs, mit dem sie über die Grenze wollen.

4. Sie sind im Reisebüro gewesen und haben sich nach den Grenzbestimmungen erkundigt. Schreiben Sie in indirekter Rede, was Ihnen das Fräulein berichtet hat, z.B. „Sie meinte, an der Grenze wäre (sei) die Kontrolle augenblicklich besonders scharf."

5. Sie sind aus Europa zurückgekehrt und haben mehrere Länder besucht. Berichten Sie einem Freund oder einer Freundin, wie verschieden die Kontrollen zwischen einzelnen Ländern waren und was Sie bei der Zollkontrolle alles erlebt haben. Sie können berichten, daß die Kontrolle nach Ostdeutschland (Ungarn, oder der Tschechoslowakei) sehr lange dauerte und daß alles genau untersucht wurde, daß die italienischen Beamten mit Ihnen (wenn Sie Studentin sind) oder mit Ihrer Bekannten dauernd flirteten, daß die deutschen Beamten sehr korrekt und diszipliniert waren, usw.

# 15. Sport        *Sports*

## A. Allgemeines        ## A. General Vocabulary

1. Viele Leute treiben Sport aus Freude am Wettkampf.

    zur Entspannung.
    ihrer Gesundheit wegen.

*Many people participate in sports because they enjoy the competition.*

    *for relaxation.*
    *for their health.*

aus Liebhaberei.
aus Lust zur Tätigkeit.
zum Spaß.
um körperlich in guter Verfassung (Form) zu bleiben.

*as a hobby.*
*because they enjoy activity.*
*for fun.*
*in order to remain in good physical condition.*

**2.** Sport kann von jung und alt ausgeübt werden.

*Young and old can participate in sports.*

**3.** Sportvereine (Sportklubs) haben Millionen von Mitgliedern in Deutschland.

*Sports clubs in Germany have millions of members.*

**4.** Jesse Owens und Jerry Lewis sind berühmte Sportler der Vergangenheit.

*Jessie Owens and Jerry Lewis are famous athletes of the past.*

**5.** In Amerika ist Joe Namath eine Sportgröße (Sportkanone).

*In America Joe Namath is a superathlete (a "big gun" in sports).*

**6.** Manche Sportarten sind ziemlich teuer, wie das Segelfliegen oder das Reiten.

*Some types of sports are pretty expensive, like gliding or horseback riding.*

**7.** Zur Ausübung einiger Sportarten braucht man Sportgegenstände wie einen Ball, ein Paar Schi (Ski) oder eine Ausrüstung zum Tauchen.

*To participate in some kinds of sports one needs equipment like a ball, a pair of skis or diving gear.*

**8.** Fußball wird auf einem Sportplatz (Fußballplatz) gespielt.

*Soccer is played on an athletic field.*

**9.** Im Winter kann man Handball auch in der Sporthalle (Turnhalle) spielen (betreiben).

*In the winter one can also play (engage in) handball in a gymnasium.*

**10.** Jeder Sportler, der einen Rekord aufstellen will, muß monatelang hart trainieren.

*Every athlete who wants to establish a record must train very hard for months.*

**11.** Das Training war vor den Wettkämpfen besonders hart.

*The training was especially hard just before the competition.*

**12.** Nachdem er den Weltrekord aufgestellt hatte, war er bald völlig aus dem Training gekommen.

*After he had set the world's record, he soon had gotten completely out of condition.*

**13.** Der Trainer unserer Fußballmannschaft war früher Sportlehrer an der Universität.

*The coach of our football team was formerly a sports instructor at the university.*

**14.** Das Olympiastadion in Mexiko faßt über 100 000 Personen.

*The Olympic stadium in Mexico City holds more than 100,000 people.*

**15.** Die nächsten olympischen Spiele werden in München stattfinden.

*The next Olympic Games will be held in Munich.*

**16.** Die Russen und Nordamerikaner gelten wieder als Favoriten und werden sicher die meisten Goldmedaillen gewinnen.

*The Russians and the ( North) Americans are again considered the favorites and will surely win most of the gold medals.*

**17.** Es kommt nicht so sehr darauf an, daß man gewinnt, sondern daß man fair und nach bestem Können mitgekämpft hat.

*It doesn't matter so much whether one wins, but whether one was fair and participated to the best of one's ability.*

**18.** Korbball ist ein Hallensport.

*Basketball is an indoor sport.*

**19.** Eine Korbballmannschaft besteht aus fünf Spielern.

*A basketball team consists of 5 players.*

**20.** Hockey kann man auf dem Rasen oder auf dem Eis spielen.

*One can play hockey on the turf or on the ice.*

**21.** Das Fußballspiel beginnt um 14.00 Uhr.

*The football game begins at 2:00 p.m.*

**22.** Amerikanischer Fußball ist in Europa nicht beliebt.

*American football is not popular in Europe.*

**23.** Baseball ist der Lieblingssport meines Sohnes.

*Baseball is my son's favorite sport.*

**24.** Die Jungen machen Leibesübungen in der Turnhalle.

*The boys are doing gymnastics in the gym.*

**25.** Bodenturnen und Gymnastik verlangen von den Turnern große Konzentration.

*Floor exercises and gymnastics demand great concentration on the part of the gymnasts.*

**26.** Im Geräteturnen ist er ganz groß.

*Gymnastics with apparatus is his forte.*

**27.** Er turnt am Barren.
  macht einen Handstand auf dem Bock.
  springt über das Pferd.
  macht einen Klimmzug am Reck.
  macht eine Kippe an den Ringen.

*He performs on the parallel bars.*
  *does a handstand on the short-vaulting horse.*
  *jumps over the long-vaulting horse.*
  *does a pull-up on the horizontal bars.*
  *does an up-start (a kip) on the rings.*

**28.** Kitzbühel ist bekannt für den Wintersport.

*Kitzbühel is famous for winter sports.*

**29.** Beim Schilaufen muß man auf andere achtgeben.

*When skiing, one must watch out for others.*

**30.** Killy war Sieger im Riesenslalom und im Abfahrtslauf.

*Killy won the giant slalom and the downhill.*

**31.** Das Rodeln macht den Kindern großen Spaß.

*Sledding (or sleigh riding) is great fun for children.*

**32.** Sie fahren lachend den Abhang hinunter.

*They ride down the hill laughing.*

**33.** Die Eisläuferin zeigt im Eiskunstlauf ihr ganzes Können.

*The (female) skater demonstrates all her skill in figure skating.*

**34.** Beim Eisschnellauf siegt, wer die Strecke am schnellsten zurücklegt.

*Whoever covers the distance the fastest wins the skating race.*

**35.** Auf dem zugefrorenen See kann man gut Schlittschuh laufen.

*On the frozen lake one can skate very well.*

**36.** An der Küste wird der Wassersport sehr gepflegt.

*Water sports are very popular along the coast.*

**37.** Segeln ist eine Wassersportart.

*Sailing is a type of water sport.*

**38.** Die Segelregatta wurde vor der Küste ausgetragen.

*The sailing regatta took place off the coast.*

**39.** Die amerikanische Jacht belegte nur den zweiten Platz.

*The American yacht only took second place.*

**40.** Das Kanu ist leichter als ein Ruderboot und wird mit einem Paddel fortbewegt.

*The canoe is lighter than a row-boat and is moved along with a paddle.*

**41.** Im Rudern haben wir nur im Einer und im Achter mit Steuermann eine Chance.

*In rowing we only have a chance in the single and in the eight with coxswain.*

**42.** Die Amerikaner gewannen im Schwimmen mehr Medaillen als alle anderen Nationen zusammen.

*In swimming the Americans won more medals than all the other nations put together.*

**43.** Auf den kurzen Strecken und auch auf den langen Strecken siegten die Amerikaner.

*The Americans won both in the short distances and in the long distances.*

**44.** Die australische Mannschaft schwamm die 4 × 100 Meter Staffel in Jahresbestzeit.

*The Australian team swam the 400 meter relay in the best time this year.*

**45.** Er findet den Hochsprung interessanter als den Weitsprung.

*He finds the high jump more interesting than the broad jump.*

**46.** Manche Leute angeln aus Vergnügen und manche aus Sport. Man kann in einem Fluß, in einem See oder sogar auf dem Meer angeln.

*Some people go fishing for fun and others for sport. One can fish in a river, in a lake or even in the ocean.*

**47.** An den Leichtathletikmeisterschaften beteiligten sich zehn Mannschaften.

*Ten teams took part in the track and field championships.*

**48.** Im Fünfkampf und im Zehnkampf haben wir zwei der Weltbesten.

*In the pentathlon and in the decathlon we have two of the best in the world.*

**49.** Zur Leichtathletik gehören Laufen, Springen, Werfen und Stoßen.

*Running, jumping, throwing and shot put are track and field events.*

**50.** In den Kurzstreckenläufen (100, 200, 400 und 800 Meter) braucht man keine so große Ausdauer zu haben wie in den Langstreckenläufen (1500, 3 000, 5 000, 10 000 Meter und Marathonlauf).

*In the sprints (100, 200, 400 and 800 meters) one does not need as much endurance as in long distance races (1500, 3000, 5000, 10,000 meters and the marathon).*

**51.** Im Hochsprung kommt es darauf an, wie hoch und im Weitsprung, wie weit man springen kann.

*In high jumping, the important thing is how high, and in broad jumping how far, one can jump.*

**52.** Beim Stabhochsprung schnellt man sich mit einem Stab hoch und über die Latte.

*In pole-vaulting one catapults up and across the bar with the help of a pole.*

**53.** Der Diskuswurf ist eine der ältesten Sportarten.

*Discus throwing is one of the oldest kinds of sports.*

**54.** Der Speerwurf gehört zum Zehnkampf, der Hammerwurf aber nicht.

*Javelin throwing is part of the decathlon, but hammer throwing is not.*

**55.** Der Europameister brachte es im Kugelstoßen auf eine Weite von 18 Metern.

*In the shot put, the European champion attained a distance of 18 meters.*

**56.** Der Staffellauf ist noch aufregender als der 100 Meter Lauf, weil hier nicht nur ein, sondern vier Läufer ihre Bestleistung zeigen müssen.

*The relay race is even more exciting than the 100-meter dash because not one but four runners must demonstrate their best efforts.*

**57.** Tennis spielt man auf einem Tennisplatz, aber Tischtennis kann man auch hinter dem Haus im Garten spielen.

*You play tennis on a tennis court but you can play ping-pong behind the house in the yard.*

**58.** Beim Tennis sind Schläger und Ball größer als beim Tischtennis.

*In tennis the racket and the ball are larger than in ping-pong.*

**59.** Viele Leute sagen, Boxen sei ein roher Sport, weil beide Teilnehmer mit Fäusten aufeinander einschlagen und einer versucht, den anderen k. o. zu schlagen.

*Many people say boxing is a brutal sport because both participants hit each other with their fists and one attempts to knock the other one out.*

**60.** Ein Ringkampf kann im griechisch-römischen Stil oder im Freistil ausgetragen werden.

*A wrestling match can be done in Greco-Roman style or in free-style.*

**61.** Beim Kegeln versucht man, alle neun Kegel mit einer Kugel umzuwerfen.

*In bowling one tries to knock down all nine pins with a bowling ball.*

**62.** Beim Pferderennen darf man wetten, und mancher setzt eine hohe Summe (zu viel Geld) auf seinen Favoriten.

*In horse racing one is allowed to bet, and many people bet large sums of money (too much money) on their favorites.*

**63.** Beim Trabrennen laufen die Pferde im Trab, nicht im Galopp, und ziehen einen leichten Wagen.

*In a trotting race, the horses trot and don't gallop, and they pull light carts.*

**64.** Radfahren und Autofahren können auch als Sport bezeichnet werden.

*Cycling and driving a car can also be considered as sports.*

**65.** Das Autorennen wird auf der berühmten Rennstrecke ausgetragen; die Favoriten sind Porsche und Ferrari.

*The auto race takes place on the famous racing track. The favorites are Porsche and Ferrari.*

**66.** An der griechischen Küste tauchen im Sommer viele Touristen nach versunkenen Wracks.

*In the summer many tourists dive for sunken wrecks off the coast of Greece.*

**67.** Die Taucherausrüstung besteht aus einem Gummianzug, einem Atemgerät und einem Messer, mit dem man sich gegen Haifische verteidigen kann.

*Diving gear consists of a rubber suit, a breathing apparatus and a knife with which you can defend yourself against sharks.*

**68.** Zum Segelfliegen braucht man einen günstigen Aufwind.

*To fly a glider, you need a favorable upward current.*

**69.** Fußball ist ein sehr beliebter Zuschauersport.

*Soccer is a very popular spectator sport.*

**70.** Das Fußballspiel um die Meisterschaft (um den zweiten Platz) fand im Stadion statt.

*The soccer game for the championship (for second place) was played in the stadium.*

**71.** Wir müssen durch die Sperre gehen. Ein Mann mit einer blauen Armbinde reißt die Eintrittskarten durch.

*We have to go through the gate. A man with a blue armband tears our tickets.*

**72.** Mein Nachbar ist furchtbar aufgeregt.

*My neighbor is terribly excited.*

**73.** Als der Schiedsrichter das Spiel anpfeift, steigert sich seine Nervosität immer mehr.

*When the referee blows the starting whistle, he becomes more and more nervous.*

**74.** Er schreit.
 brüllt.
 schimpft.
 feuert die Mannschaft an.
 pfeift laut (gellend).
 springt von seinem Sitz in die Höhe.
 droht dem Schiedsrichter mit der Faust und nennt ihn einen dummen Esel.
 stößt gellende Pfiffe aus.
 schreit Pfui.
 wirft Papierschlangen unter die Zuschauer.

*He yells.*
 *screams.*
 *swears.*
 *cheers his team on.*
 *whistles loudly (shrilly).*
 *jumps up from his seat.*

 *waves his fist at the referee and calls him a stupid idiot.*

 *emits shrill whistling sounds.*
 *boos.*
 *throws streamers into the crowd.*

**75.** Man hört Pfui-Rufe, Jubelrufe und gellendes Pfeifen.

*We hear boos (or catcalls), shouts (of joy) and shrill whistles.*

**76.** Die Lokalmannschaft schießt ein Tor und die vielen tausend Zuschauer springen von den Sitzen und machen einen gewaltigen Lärm.

*The home team scores a goal and the many thousands of spectators jump up from their seats and make a tremendous noise.*

**77.** Bei der Halbzeit steht es 1:0 (eins zu null) für den Gastgeber (1:1 [eins zu eins] unentschieden).

*At half-time the score is 1:0 for the home team. (tied at 1:1).*

**78.** Die gegnerische Elf macht den Freistoß (Strafstoß / Einwurf).

*The opposing team gets a free kick (penalty kick / throw-in).*

**79.** Der Ball geht ins Aus.
  prallt vom Torpfosten ab.
  fliegt in die Zuschauermenge.
  wird steil in die Höhe geschossen.
  wird abgewehrt.
  wird vom Gegner abgefangen.
  wird vom Linksaußen nach vorne gebracht.
  wird an den linken Stürmer abgegeben.
  wird gestoppt.
  wird ins Tor geschossen.

*The ball goes out of bounds.*
  *bounces off the goal post.*
  *sails into the crowd of spectators.*
  *is kicked straight into the air.*
  *is deflected.*
  *is intercepted by the opponent.*
  *is brought forward by the left wing.*
  *is passed to the left forward.*
  *is stopped.*
  *is kicked into the goal.*

**80.** Es war ein faires (langweiliges / schnelles / unfaires) Spiel.

*It was a fair (dull / fast / unfair) game.*

**81.** Er hilft dem Gegenspieler kameradschaftlich auf die Beine.

*He helps up his opponent onto his feet in a sportsmanlike manner.*

**82.** Er humpelt ein wenig und muß das Feld verlassen. Der Ersatzmann springt für ihn ein.

*He limps a bit and has to leave the playing field. The substitute takes his place.*

**83.** Das Spiel wurde von 20 000 Zuschauern besucht (vom Fernsehen übertragen).

*The game was attended by 20,000 spectators (broadcast on television).*

**84.** In unserer Liga spielen acht Vereine.

*There are eight teams in our league.*

**85.** Das Heimspiel findet nächsten Samstag statt.

*The home game will be played next Saturday.*

**86.** Nächste Woche haben wir das Rückspiel (ein Auswärtsspiel).

*Next week we will have the return match (a game away from home).*

**87.** Die Gastmannschaft macht einen guten Eindruck.

*The home team makes a good impression.*

**88.** Das Spiel zwischen Werder Bremen und Eintracht Frankfurt ist wegen Regen (ungünstigen Wetters / Unbespielbarkeit des Platzes) abgesagt worden (auf das nächste Wochenende verlegt worden).

*The game between Werder Bremen and Eintracht Frankfurt was called off (postponed until the following weekend) because of rain (inclement weather / the poor condition of the playing field).*

**89.** Wer spielt nächste Woche?

*Who plays next week?*

**90.** Wer hat gewonnen?

*Who won?*

**91.** Unsere Mannschaft (unser Verein) hat mit 2:0 gewonnen.

*Our soccer team (club) won 2 to 0.*

**92.** Unsere Fußballmannschaft hat mit 45:36 Punkten gewonnen.

*Our (football) team won 45 to 36.*

**93.** Er will Berufsspieler werden und möchte einen Vertrag unterzeichnen.

*He wants to become a pro(fessional player) and would like to sign a contract.*

## Suggested Exercises

**I.** Erinnern Sie sich noch an das letzte Fußball- oder Korbballspiel, in dem Ihre Universitätsmannschaft gegen den Erzrivalen in Ihrer Liga gespielt hat? Berichten Sie, wie die Spannung stieg, als das Spiel selbst im vierten Quartal noch nicht entschieden war, wie die Zuschauer auf jedes Tor (jeden Punkt), auf das unfaire Verhalten eines gegnerischen Spielers und auf die Entscheidungen des Schiedsrichters reagierten.

**2.** Versetzen Sie sich in die Lage eines Studenten (einer Studentin), der (die) Sportlehrer(-in) werden will. Berichten Sie, welche Sportarten Sie lernen müssen und was daran besonders interessant ist.

**3.** Sie sind Reporter für eine große Radiogesellschaft und berichten Ihren Hörern über die Leichtathletikmeisterschaften, die hier im großen Sportstadion stattfinden. Gerade ist die Nationalhymne zu Ende und der erste Wettkampf beginnt.

**4.** Sie waren mit einer jungen Dame beim Fußballspiel, aber sie verstand überhaupt nichts von Fußball. Immer wieder stellte sie „dumme" Fragen, die Sie höflich aber etwas ungeduldig beantworteten. Berichten Sie einem Freund den ganzen Vorgang.

**5.** Schreiben Sie einen Dialog zwischen einem jungen Mann, der leidenschaftlich gern zum Fußballspiel (Korbballspiel) geht und einer jungen Dame, die er eingeladen hat, sich das Spiel mit ihm anzusehen, die aber gar nichts vom Sport versteht. Immer wieder stellt sie ihm „dumme" Fragen, die er zuerst höflich, dann aber immer ungeduldiger beantwortet, weil er sich gar nicht auf das Spiel konzentrieren kann.

# 16. Studentenunruhen  *Student Demonstrations*

**1.** In der Hauptstadt Mexikos kam es wieder zu schweren Unruhen zwischen Polizei und Studenten.

*In the capital of Mexico there were again violent clashes between students and the police.*

**2.** Die Regierung setzte die Bereitschaftspolizei ein, die mit Gummiknüppeln, Tränengasgranaten und Wasserwerfern gegen die Demonstranten vorging.

*The government brought in special police squads, who attacked the demonstrators with clubs, tear gas grenades and fire hoses.*

**3.** Die Polizei war mit Helmen, Tränengas und Schlagstöcken ausgerüstet.

*The police were equipped with helmets, tear gas and riot clubs.*

**4.** Die Demonstranten warfen Pflastersteine und mit Benzin gefüllte Flaschen auf die Polizei.

*The demonstrators threw cobble-stones and Molotov cocktails at the police.*

**5.** Die Polizei warf Tränengas, knüppelte mehrere Unruhestifter nieder und griff sich einzelne Demonstranten heraus.

*The police threw tear gas, beat up several trouble-makers and arrested several demonstrators.*

**6.** Die Studenten versuchten, die Absperrung der Polizei vor dem Gerichtsgebäude zu durchbrechen.

*The students attempted to break through the police cordon in front of the Justice Building.*

**7.** Die Rädelsführer wurden von der Polizei verhaftet.

*The ringleaders were arrested by the police.*

**8.** Mehrere Demonstranten wurden in Polizeiwagen abtransportiert.

*Several demonstrators were driven away in police cars.*

**9.** Die Polizei verfolgte die randalierenden Schüler bis ans Universitätsgelände.

*The police followed the rioting students as far as (or to) the university campus.*

**10.** Protestmärsche wurden von Schülern und Studenten abgehalten.

*Protest marches were held by high school and university students.*

**11.** Arbeiter und Studenten marschierten in geschlossener Front durch die Innenstadt.

*Workers and students marched in closed ranks through the center of the city.*

**12.** Alle Hoch- und Oberschulen des Landes erklärten sich solidarisch mit den Resolutionen der Hochschülerschaft.

*All the universities and high schools of the nation declared themselves in agreement with the resolutions of the student body.*

**13.** Die Besetzung der als autonom geltenden Universität war das Signal zum allgemeinen Studentenaufstand.

*The occupation of the university, which is considered to be autonomous territory, was the signal for a widespread student revolt.*

**14.** Die Zahl der Verhafteten betrug (stieg auf) über 200.

*The number of those arrested amounted (climbed) to over 200.*

**15.** Die Stadt Berlin war Schauplatz wilder Auseinandersetzungen zwischen Polizei und Studenten.

*The city of Berlin was the scene of wild fighting between police and students.*

**16.** Der Sozialistische Deutsche Studentenbund hatte zu Protestaktionen gegen die Verhaftung von Studenten aufgerufen.

*The Socialist Organization of German Students had called for protest actions against the student arrests.*

**17.** Der Studentenführer wurde von der Polizei vor dem Dom verhaftet.

*The student leader was arrested by the police in front of the cathedral.*

**18.** Die Studenten protestierten gegen überfüllte Seminare.

    unzureichend ausgestattete Bibliotheken.

    die autoritäre Herrschaft der Professoren.

    den Leerlauf im Lehrbetrieb.

*The students protested against overcrowded seminars.*

    *insufficiently stocked libraries.*

    *the authoritarian rule of the professors.*

    *the idle motions in the teaching profession.*

den Krieg in Vietnam.

die Kriegsführung in Vietnam.

die Verhaftung ihrer Kommilitonen.

die Verfügung der Universitätsverwaltung.

die Rassendiskriminierung.

soziale Ungerechtigkeit.

*the war in Vietnam.*

*the conduct of the war in Vietnam.*

*the arrest of their fellow students.*

*the regulations of the university administration.*

*racial discrimination.*

*social injustice.*

**19.** Die Studenten fordern die Hochschulreform.

die Beseitigung sozialer Ungerechtigkeiten.

die Absetzung des Rektors der Universität.

die Errichtung eines Lehrstuhles für die Geschichte der Neger.

*The students demand university reform.*

*the abolition of social injustices.*

*the removal of the university president.*

*the establishment of a chair for black history.*

**20.** Ein Vertreter der Universität meinte, daß derartige Straßenkrawalle keine Protestdemonstrationen, sondern offene Auflehnung gegen die bestehende Ordnung der Gesellschaft seien.

*A representative of the university said that street riots of that kind were not protest demonstrations but open rebellion against the existing order of society.*

**21.** Ein Regierungssprecher erklärte, die Polizei habe nicht hart und schnell genug durchgegriffen.

*A spokesman for the government declared that the police had not resorted to vigorous enough action and had not acted quickly enough.*

**22.** Die Zeitungen berichteten vom Polizeiterror in Chicago und verlangten eine offizielle Untersuchung durch ein unabhängiges Komitee.

*The newspapers reported the police terror in Chicago and demanded an official investigation by an independent committee.*

**23.** Ein Studentensprecher erklärte, daß der Dozent genau so der Kritik seiner Studenten unterworfen werden solle, wie der Student dem Urteil seiner Lehrer.

*A student spokesman explained that the instructor should be exposed to the criticism of his students, just as the student is exposed to the judgment of his teachers.*

**24.** Die Studenten widersetzen sich den autoritären Bestimmungen, die vielen von ihnen willkürlich erscheinen, und fordern die Mitbestimmung.

*The students are against the authoritarian regulations which appear to many of them to be arbitrary, and demand a voice in policy-making.*

**25.** Die Studenten antworteten auf den Erlaß des Universitätsrektors mit Protest, Demonstrationen und einem zweitägigen Vorlesungsstreik.

*The students answered the decree of the university president with protests, demonstrations and a two-day class boycott.*

**26.** Mitglieder der (radikalen) Studentenorganisation (der SDS / der Black Power Organisation) besetzten das Verwaltungsgebäude und setzten die Hochschule zwei Tage lang außer Betrieb.

*Members of the (radical) student organization (the SDS / the Black Power Organization)*
*occupied the administration building and shut down the university for two days.*

    hielten den Dekan und den Studentenberater 12 Stunden lang in ihren Büros in Haft.

    *kept the Dean and the Student Advisor prisoner in their offices for 12 hours.*

    führten einen Sitzstreik auf den Gängen des Instituts für Atomphysik durch.

    *held a sit-in in the hallways of the Institute for Atomic Physics.*

    verlangten die sofortige Absetzung des Dekans.

    *demanded the immediate dismissal of the Dean.*

    verlangten die sofortige Entlassung des Trainers.

    *demanded the immediate dismissal of the coach.*

    forderten die Einstellung eines schwarzen Trainers.

    *demanded the hiring of a black coach.*

    forderten alle schwarzen Sportler auf, sich an den Wettkämpfen nicht zu beteiligen.

    *urged all black athletes not to participate in the sports events.*

    stellten mehrere Resolutionen auf, in denen sie Sozialreformen und Gleichberechtigung verlangten.

    *drew up several resolutions which demanded social reforms and equality.*

    forderten die Abschaffung sozialer Mißstände.

    *demanded the abolition of social evils.*

| | |
|---|---|
| suchten die Konfrontation mit der Polizei. | *sought confrontation with the police.* |
| unterbrachen den Sprecher mit Zwischenrufen und lauten Sprechchören. | *interrupted the speaker with boos and loud chanting.* |
| wollen den Dialog mit den Lehrkräften. | *demand dialogue with the teachers.* |

**27.** Die Ursache der Unruhe unter den Studenten liegt in einem tiefen Unbehagen gegenüber Gesellschaft, Politik und Hochschule.

*The cause of the unrest among the students lies in a deep-seated uneasiness toward society, politics and the university.*

**28.** Die Protestdemonstrationen wurden vom SDS organisiert und richteten sich vor allem gegen die Entlassung mehrerer Assistenten und Professoren sowie gegen das Redeverbot an der Universität für den Führer der Schwarzen Panther.

*The protest demonstrations were organized by the SDS and were directed mainly against the dismissal of several assistants and professors as well as against the university's refusal to let the Black Panther leader speak on campus.*

**29.** Der Nerv des Bürgers, der auf Ruhe und Ordnung bedacht ist, sollte getroffen werden durch mitgeführte Vietkong-Fahnen, durch Ho-Chi-Minh-Sprechchöre, durch Mao-Plakate und durch die massive Kritik an der amerikanischen Vietnam-Politik.

*The complacency (or "cool") of the member of middle class, who is intent on law and order, was supposed to be shaken by Viet Cong flags which had been brought along, by the chanting of "Ho-Chi-Minh," by Mao posters and by massive criticism of American policy in Vietnam.*

**30.** An der Universität Berkeley veranlaßten die Maßnahmen der Universitätsverwaltung eine weitere Verschärfung der Studentenproteste.

*The measures taken by the university administration caused a further aggravation of the student protests at the University at Berkeley.*

**31.** Die Verfechter der Redefreiheitsbewegung („Free Speech" Bewegung) kämpfen dagegen, daß die Universität als politisches Sperrgebiet behandelt wird.

*The proponents of the free speech movement oppose the university being treated as an area where political activities are banned.*

**32.** Die Vertreter des SDS zählen selbst die politische Opposition zum „Establishment" und glauben, ihren Einfluß als außerparlamentarische Opposition wirksamer geltend zu machen als Mitglieder einer demokratischen Partei.

*The representatives of the SDS regard even the political opposition as part of the establishment and believe that they can make their influence felt more effectively as an opposition that is not represented in Parliament than they could as members of a democratic party.*

**33.** Die Kritik richtet sich nicht nur gegen innenpolitische oder hochschulpolitische Fragen, sondern gegen internationale „Korruption".

*The criticism is directed not only against questions of national politics or university policy but also against international "corruption".*

**34.** Der Sprecher griff den sogenannten Monopolkapitalismus an, der ungeheure Summen sinnlos für Rüstung, für unnütze Verwaltung, umständliche Bürokratie und für Reklame ausgebe; Elend, Hunger und Krieg müßten abgeschafft werden.

*The speaker attacked so-called monopolistic capitalism, which spends huge sums senselessly for armaments, for useless administration, for complicated bureaucracy and for advertising. Misery, hunger and war ought to be abolished.*

**35.** Die Protestmethoden sind vielfältig und nicht immer gewaltlos.

*The protest methods are varied and not always peaceful.*

**36.** Eine wirksame Protestform ist das Sit-in, bei dem durch Sitzen am Boden, auf Treppen, Eingängen und Korridoren eine Universität durch gewaltlosen Widerstand gestört wird.

*An effective form of protest is the sit-in, in which, through sitting on the floor, on staircases, in entrances and hallways, a university is disrupted by passive resistance.*

**37.** Häufig angewandte Protestmethoden sind die Störung der Hausordnung oder der Vorlesungsstreik.

*Frequently-used methods of protest are the breaking of house regulations or the boycott of classes.*

**38.** Das Teach-in ist eine Massenversammlung mit andauernden Referaten und Diskussionen.

*The teach-in is a mass gathering with continuous speeches and discussions.*

**39.** Ein Massenhungerstreik, ein Hunger-in, zielt auf die Durchsetzung von Rechten und Forderungen.

*A mass hunger strike, a hunger-in, has as its goal the acceptance of certain rights and demands.*

**40.** Das Love-in, oft als studentischer Ulk betrachtet, will eine Weltverbrüderung darstellen.

*The love-in, often regarded as a student joke, seeks to symbolize world brotherhood.*

**41.** Im Go-in wird eine Veranstaltung durch Sprechchöre und Protestrufe gestört.

*During a go-in, a meeting is disrupted by chants and protest calls.*

**42.** Das Aufstellen von Weihnachtsbäumen und Gipsköpfen auf einer verkehrsreichen Straße unter Absingen von Weihnachtsliedern kann man als Happening ansehen.

*Putting up Christmas trees and plaster busts in a busy street while singing Christmas carols may be regarded as a happening.*

**43.** Besondere Formen des Protestes sind das Shop-in und das Sleep-in, die hauptsächlich von Studenten der Bürgerrechtsbewegung gegen Rassendiskriminierung angewandt werden.

*Special forms of protest are the shop-in and the sleep-in, which are used mainly by students of the Civil Rights Movement against racial discrimination.*

**44.** Viele Studenten gehören der Hippy-Bewegung an, die die Konsumgesellschaft ablehnt.

*Many students belong to the hippie movement, which rejects the consumer society.*

**45.** Auf der einen Seite wollen die Studenten als unabhängige gesellschaftliche Gruppe angesehen werden, auf der anderen opponieren sie gegen eine Gesellschaft, die sie als absurd betrachten.

*On the one hand the students wish to be regarded as an independent social group; on the other, they oppose a society which they regard as absurd.*

**46.** Die Studenten bestehen vor allem auf aktiver Mitwirkung am Ausbildungsprozeß.

*The students insist above all on active participation in the educational process.*

**47.** In den Augen der Studenten ist sexuelle Befreiung eng mit sozialer und politischer Befreiung verbunden.

*In the eyes of the students, sexual liberation is closely connected with social and political liberation.*

**48.** Die Studentenbewegung hat internationalen Charakter, und eine Studentenrevolte in einem Land hat unmittelbare Auswirkungen auf andere Länder.

*The student movement has an international character, and a student revolt in one country has immediate effects on other countries.*

**49.** Die neue Linke orientiert sich am marxistischen Modell Maos.

*The new left is patterned after the Marxian model of Mao.*

**50.** Rebellierende Studenten betrachten die Ausbildung von Reserveoffizieren auf dem Campus sowie die Herstellung chemischer Waffen für Kriegszwecke an den Forschungsinstituten als universitätsfremd.

*Rebelling students regard the training of reserve officers on the campus and the production of chemical weapons for war purposes in research institutes as alien to the university.*

## Suggested Exercises

**1.** Sie sind Augenzeuge einer Studentendemonstration gewesen. Zuerst ist die Demonstration friedlich gewesen, aber dann verursachten radikalere Elemente Unruhe, und die Polizei griff ein. Beschreiben Sie den ganzen Vorgang.

**2.** Teilen Sie die Klasse in vier Gruppen ein. Die erste vertritt den Standpunkt der Universitätsverwaltung, die zweite die Fakultät, die dritte die Mehrheit der Studenten und die vierte eine radikale Studentenorganisation. Lassen Sie jede Gruppe eine Zeitlang ihre Standpunkte festlegen; dann lassen Sie jede Gruppe zwei Abgeordnete wählen, die sich zu einem Beratungsausschuß zusammensetzen und versuchen, alle Standpunkte auf einen gemeinsamen Nenner zu bringen.

**3.** Bereiten Sie einen Dialog vor zwischen drei Personen: einem Berichterstatter einer deutschen Zeitung, einem amerikanischen Studentenführer und einem Vertreter der Fakultät. Der Berichterstatter will für seine Leser in Deutschland einen Artikel über die Wünsche und Ziele der Studenten schreiben. Er interviewt den Studenten und den Professor über die Standpunkte der Studenten und des Lehrkörpers.

**4.** Schreiben Sie einen Aufsatz, in dem Sie Ihre eigenen Ansichten über die Gegensätze zwischen den Studenten und der älteren Generation aussprechen. Schlagen Sie Lösungen vor, die sich in absehbarer Zeit verwirklichen lassen.

## 17. Das Rassenproblem in Amerika

## The Racial Problem in America

**1.** Das Rassenproblem ist augenblicklich in den Vereinigten Staaten sehr aktuell.

At the present time, the race problem is of great current interest in the United States.

**2.** Das Problem betrifft die Integration (die Einfügung) des Schwarzen (des Afro-Amerikaners / des Farbigen / des Negers) in die Gesellschaft.

The problem concerns the integration of the blacks (the Afro-Americans or Afros / the colored people / the negro) into society.

**3.** In vielen Gemeinden bestehen dem Farbigen gegenüber große Vorurteile. In einigen Südstaaten hatte er zum Beispiel bis vor kurzem nicht das Wahlrecht.

In many communities there are (or exist) great prejudices against black people. In some southern states, for example, they didn't have the right to vote until recently.

**4.** Das Gesetz garantiert die Gleichberechtigung aller Menschen ohne Rücksicht auf Rasse (Hautfarbe) oder Religion.

The law guarantees equality to all people without regard to race (color) or religion.

**5.** Vor dem Gesetz sind alle Menschen gleichberechtigt, aber im praktischen Leben nicht.

Before the law all people are equal, but not in practical life.

**6.** Viele Weiße lehnen es kategorisch ab, mit einem Farbigen an einem Tisch zu sitzen, zur selben Schule zu gehen, im selben Bus zu fahren, im selben Restaurant zu essen, im selben Kino zu sitzen, usw.

Many white people categorically refuse to sit at the same table with a black man, to go to the same school as he does, to ride in the same bus, to eat in the same restaurant, to sit in the same movie (house), etc.

**7.** Wahrscheinlich haben diese Vorurteile etwas mit der Hautfarbe des Schwarzen zu tun und auch damit, daß er einmal Sklave war.

Most likely these prejudices have something to do with the skin color of the black(man), and also with the fact that he was once a slave.

**8.** Von manchen Menschen wird der Neger noch heute als drittrangiges Lebewesen (als Untermensch) betrachtet.

*Even today the black is regarded by some people as a third-rate human being (as sub-human).*

**9.** Dem Neger stehen nicht alle Universitäten offen, er kann sich in gewissen Bezirken der Stadt nicht ansiedeln und ihm sind viele Möglichkeiten verbaut (nicht offen).

*Not all universities are open to blacks. They cannot settle in certain areas of a city and many opportunities are denied (not open to) them.*

**10.** Oft fehlt ihm die nötige Erziehung (Ausbildung).

*He oftens lacks the necessary education (training).*

**11.** Der Kongreß hat ein neues Gesetz verabschiedet, nach dem es einem Farbigen nicht versagt werden darf, sich an der Wahl zu beteiligen.

*Congress has passed a new law, according to which blacks may not be denied their right to take part in an election.*

**12.** Die Bürgerrechte müssen gewahrt bleiben.

*(The) Civil Rights must be preserved.*

**13.** Ein Geheimbund verfolgt die Schwarzen mit ungesetzlichen Mitteln (mit Terroraktionen).

*A secret society persecutes the black people with unlawful means (with acts of terror).*

**14.** Die Methoden des Ku Klux Klans sollen vom Senat untersucht werden.

*The methods of the KKK are to be investigated by the Senate.*

**15.** Er bezog sich mit seinen Worten auf den Zusatz zur Verfassung, der vor 95 Jahren geschaffen wurde, um allen Bürgern das Wahlrecht zu sichern.

*He referred to the amendment of the Constitution that was drawn up 95 years ago in order to assure to all citizens the right to vote.*

**16.** Vielen Amerikanern wurde das Wahlrecht abgesprochen, weil sie Neger waren.

*Many Americans were denied the right to vote because they were black.*

**17.** Die Staatsgesetze werden oft zur Diskriminierung gegen die Neger verwendet.

*State laws are often used to discriminate against blacks.*

**18.** Der oberste Gerichtshof erklärte das Gesetz über Rassendiskriminierung für verfassungswidrig.

*The Supreme Court declared the law concerning racial discrimination unconstitutional.*

**19.** Bei Rassenunruhen (Rassenkrawallen) wurden drei Neger (wurde ein Polizist) erschossen.

*During racial unrest (disturbances) three blacks (a policeman) were (was) shot.*

**20.** Er ist Mitglied einer militanten Negerorganisation (Negerbewegung).

*He is a member of a militant black organization (black movement).*

**21.** Im Bundesstaat Alabama kam es wieder zu Rassendemonstrationen.

*In the state of Alabama there were again racial demonstrations.*

**22.** Viele tausend Menschen nahmen an dem Marsch auf den Regierungssitz des Staates teil.

*Many thousands of people took part in the march to the state capital.*

**23.** Nicht durch eine bewaffnete Auseinandersetzung, sondern in einem gesetzmäßigen Vorgang werden die Probleme ausgeglichen werden.

*Not by armed conflict, but by due process of law, will the problems be settled.*

**24.** Der Gouverneur zeigte sich besorgt über die Bedrohung der Bevölkerung seines Staates durch die Unruhen.

*The governor was worried about the threat to the population of his state resulting from the unrest.*

**25.** Der Vertreter der Negerorganisation sagte, er habe Kenntnis von den Vorfällen und bedaure jede Situation, in welcher ein amerikanischer Bürger eine Gewalttat begehe.

*The representative of the black organization said that he knew of the incidents and that he regretted any situation in which an American citizen committed an act of violence.*

**26.** Die Negerführer forderten, daß die Schreibe- und Lesetests abgeschafft werden sollten.

*The black leaders demanded the abolition of the literacy tests.*

**27.** In einigen Staaten waren Bildungstests für Wähler seit Jahrzehnten Vorschrift.

*In some states literacy tests had been mandatory for voters for decades.*

**28.** Von Florida bis Ohio sind die Negergettos in Aufruhr.

*The black ghettos are in revolt from Florida to Ohio.*

**29.** In der Stadt brach der offene Bürgerkrieg aus.

*In the city open civil war broke out.*

**30.** Viertausend Soldaten und Polizisten kämpften den Aufstand nieder.

*Four thousand soldiers and policemen put down the revolt.*

**31.** Scharfschützen schossen auf Feuerwehrleute.

*Snipers shot at firemen.*

**32.** Fünf Tage und Nächte kämpften Nationalgarde und Polizei gegen die Aufrührer.

*For five days and nights the National Guard and the police fought against the demonstrators ( or agitators).*

**33.** Das ganze Slumviertel stand in hellen Flammen.

*The entire slum quarter was in flames.*

**34.** Die Slumbewohner mußten ihre Häuser verlassen.

*The slum dwellers had to leave their houses.*

**35.** Über 1600 Farbige wurden verhaftet.

*More than 1600 blacks were arrested.*

**36.** Plünderung, Brand, Gewalt, Zerstörung waren Auswüchse der Mobaktion.

*Plunder, arson, violence, destruction were outgrowths of the mob action.*

**37.** Der Sachschaden beläuft sich auf über 20 Millionen Mark.

*The property damage amounts to more than 20 million marks.*

**38.** Im Negerviertel der Großstadt kam es wieder zu Zwischenfällen.

*There were incidents again in the black section of the city.*

**39.** Man sah deutlich wie tief die Kluft ist, der farbige von weißen Amerikanern trennt.

*One saw clearly how deep the gulf is that separates black from white Americans.*

**40.** Die Nationalgarde, die dem Gouverneur untersteht, wurde im Kampf gegen die Farbigen eingesetzt.

*The National Guard, which is under the command of the governor, was used in the fight against the blacks.*

**41.** Das ,,weiße Establishment'' vermag, den Hunger der Farbigen nach sozialer Aufwertung nicht zu stillen.

*The white establishment is unable to appease the hunger of the blacks for social reassessment.*

**42.** Die schiere Verzweiflung treibt die arbeits- und chancenlosen Farbigen aus ihren Elendsvierteln und läßt sie zu schießenden Plünderern werden.

*Sheer desperation drives the black people, who have no work and no opportunities, out of their slums and causes them to shoot and plunder.*

**43.** Der junge Führer einer radikalen Negerorganisation verkörpert das andere Amerika jener Farbigen, die nicht mehr warten, nicht mehr nur um ihr Recht beten, nicht mehr nur friedlich demonstrieren wollen.

*The young leader of a radical black organization embodies the other America of those black people who no longer want to wait, who no longer want to pray for their rights, who no longer want to demonstrate peaceably.*

**44.** Er ist der Führer der „Black Power"-Bewegung.

*He is the leader of the Black Power Movement.*

**45.** Hier gibt es einen der schlimmsten Slums (Elendsgebiete / Elendsviertel).

*Here is one of the worst slums (slum areas / slum quarters).*

**46.** Farbige, die im Süden des Landes ihre Arbeit verloren und in New York keine fanden, siedelten sich in beängstigender Zahl in dieser Stadt an.

*Black people who lost their work in the South and didn't find any in New York, settled in frightening numbers in the city.*

**47.** Der Bürgermeister ist Weißer, weitaus die meisten und die größten Geschäftsleute sind weiß, die Baugesellschaften gehören den Weißen, in den Gewerkschaften haben Weiße alle Macht, und das Einkommen der Weißen ist doppelt so hoch wie das derjenigen Farbigen, die irgendeine Stelle haben.

*The Mayor is white, by far most of the (and the biggest) businessmen are white, the construction companies belong to whites, in the labor unions whites have all the power, and the income of white people is twice as high as that of those black people who have any job at all.*

**48.** Friedensnobelpreisträger Martin Luther King sprach vor 10 000 Farbigen auf einer Massenkundgebung vor dem Regierungsgebäude.

*The Nobel Peace Prize recipient Martin Luther King spoke before ten thousand black people at a mass demonstration in front of the government building.*

**49.** Den gemäßigten Negerführern entgleiten die Massen immer mehr.

*The moderate black leaders are more and more losing control over the masses.*

**50.** Der Negerführer behauptete, daß schwarze Athleten wegen ihrer sportlichen Fähigkeiten ausgebeutet, aber sonst nicht als gleichberechtigt behandelt werden.

*The black leader stated that black athletes are exploited because of their athletic ability, but otherwise are not treated as equals.*

**51.** Vor und nach dem Fußballspiel trug die ganze Mannschaft schwarze Armbinden.

*Before and after the football game the entire team wore black armbands.*

**52.** Der Trainer (der Universität) entließ fünf Spieler von der Mannschaft (entzog fünf Spielern das Stipendium), weil sie sich an der Protestkundgebung beteiligt hatten.

*The coach (at the university) dismissed five players from the team (cancelled the scholarship of five players) because they had taken part in the protest demonstration.*

**53.** Ein Sprecher forderte von der Kirche Reparationen in Höhe von mehreren Millionen Dollar für die Schwarzen.

*A speaker demanded reparations from the church for the black people, in the amount of several million dollars.*

## Suggested Exercises

**1.** Schreiben Sie eine kurze Geschichte des Rassenproblems in Amerika. Beginnen Sie mit einer Beschreibung der Sklaverei auf den großen Plantagen des Südens und dem Bürgerkrieg. Besprechen Sie, wie die Schwarzen Schritt für Schritt um Gleichberechtigung und Anerkennung kämpften bis zum heutigen Tage, da sie versuchen auf dem Arbeitsplatz, in der Schule und in den Wohnvierteln gleiche Rechte zu bekommen.

**2.** Besprechen Sie die extremen Positionen und Organisationen auf beiden Seiten und welche Standpunkte diese Organisationen vertreten.

**3.** Schreiben Sie einen Dialog zwischen einem Europäer, der zum ersten Mal in Amerika ist und fast gar nichts über das Rassenproblem weiß und einem schwarzen und einem weißen Studenten, die sehr gut informiert sind. Der Europäer stellt Fragen und versucht, das Problem zu verstehen, und die beiden Amerikaner versuchen, ihm das Problem zu erklären.

**4.** Lassen Sie die Klasse die Rolle eines Stadtparlaments spielen. Auf der Tagesordnung stehen Probleme und Schwierigkeiten, die aus dem Gegensatz zwischen schwarzen und weißen Bürgern entstanden sind. Das Parlament debattiert die verschiedenen

Standpunkte. Resolutionen und Gesetze werden vorgeschlagen, die die Situation zu verbessern suchen. Die Klasse kann in eine demokratische Mehrheit und eine republikanische Minderheit (oder umgekehrt) eingeteilt werden. Jede Partei hat einen Sprecher, während der Bürgermeister den Vorsitz über das ganze Parlament führt.

5. Schreiben Sie einen Brief an einen Freund in Deutschland. Ihr Freund hat sich erkundigt, warum es zu Rassenunruhen in einer großen amerikanischen Stadt gekommen ist. Sie versuchen, ihm die Ursachen zu erklären und auch, was getan wird, um die Situation zu verbessern.

# 18. Die Geburtenregelung  *Birth Control*

**1.** Die Frage der Geburtenregelung beschäftigt in unserem Zeitalter Wissenschaftler, Theologen, Mediziner, Juristen und Laien.

*In our time the question of birth control occupies scientists, theologians, doctors, lawyers, and laymen.*

**2.** Die Standpunkte gehen weit auseinander.

*The points of view are quite diversified.*

**3.** Es gibt überzeugende Argumente für beide Seiten: die Vertreter der Geburtenregelung und deren Gegner.

*There are convincing arguments on both sides; the proponents of birth control and their opponents.*

**4.** Wissenschaftler suchen seit Jahrzehnten nach einem sicheren Schutzmittel gegen die Schwangerschaft.

*For decades, scientists have sought for a safe means of preventing pregnancy.*

**5.** Viele Ärzte empfehlen die Pille als das beste Schutzmittel zur Geburtenkontrolle.

*Many doctors recommend the pill as the best method of birth control.*

**6.** Vertreter der Katholischen Kirche lehnen alle künstlichen Verhütungsmittel ab.

*Representatives of the Catholic Church reject all artificial contraceptives.*

**7.** Die von Papst Paul VI. veröffentlichte Enzyklika ,,Humanae vitae'' über die Geburtenregelung hat eine lebhafte Diskussion ausgelöst.

*The encyclical* Humanae vitae, *published by Pope Paul VI concerning birth control, has precipitated a lively discussion.*

**8.** Viele Leute benutzen Verhütungsmittel, <u>weil sie es für richtig</u> halten.

Many people use contraceptives because they feel it is right.

weil sie nur eine kleine Familie haben wollen.

because they only want to have a small family.

weil sie ihre Kinder nicht so kurz nacheinander haben wollen.

because they don't want to have their children so close together.

**9.** Die Empfängnisverhütung wird von manchen Christen als Sünde angesehen.

Contraconception is considered by some Christians to be a sin.

**10.** Ein namhafter Theologe meinte, daß Verhütung und Verhütungsmittel allein Sache der persönlichen Entscheidung sein müsse.

A renowned theologian said that birth control and contraceptives must be solely a matter of personal decision.

**11.** Bischof M. erklärt, daß es den Eheleuten freisteht, eine Methode zu wählen, welche die Ehrfurcht der Partner voreinander und vor dem Leben wahrt und weder der Gesundheit noch dem Gemütsleben schadet.

Bishop M. says that married people are free to choose a method which preserves the respect of the partners for one another and for life and which does not harm either physical or mental well-being.

**12.** Eheleute, die aus guten Gründen und mit ehrlichem Gewissen verantwortliche Methoden der Geburtenregelung anwenden, können das tun, ohne schuldig zu werden.

Married couples who use responsible methods of birth control for good reasons and in good conscience may do so without committing sin.

**13.** Er behauptete, wer keine Kinder mehr haben wolle, dürfe nur natürliche Methoden anwenden.

He stated that whoever does not want to have more children must employ only natural methods.

**14.** Der Mensch hat kein Recht, die Entscheidung über die Zeugung neuen Lebens Gott zu entreißen und selber in die Hand zu nehmen.

Man has no right to take away from God the decision about the conception of new life and to take this decision into his own hands.

**15.** Der Geschlechtsverkehr ist ein Ausdruck der Liebe und gehört zum Zweck der Ehe.

Sexual intercourse is an expression of love and is part of the purpose of marriage.

**16.** Sie hatten die Empfängnis verhütet, weil sie die Zeugung eines weiteren Kindes nicht mit ihrem Gewissen verantworten konnten.

*They had used contraceptive methods because they could not in good conscience accept responsibility for the creation of another child.*

**17.** Manche lehnen die Anwendung von künstlichen Mitteln ab, befürworten dagegen die Methode der Zeitwahl (die periodische Enthaltsamkeit).

*Some reject the use of artificial means, but are on the other hand in favor of the rhythm method (periodic abstention or continence).*

**18.** Manche Wissenschaftler sind der Meinung, daß nur die Geburtenregelung eine immer wiederkehrende Hungersnot in Indien, China, Südamerika und anderen dicht besiedelten Gebieten unserer Erde verhindern kann.

*Some scientists are of the opinion that only birth control can prevent recurring famine in India, China, South America and other densely populated areas of our earth.*

## Suggested Exercises

**1.** Teilen Sie die Klasse auf in Gruppen von etwa sechs bis acht Studenten. Bestimmen Sie einen Diskussionsleiter oder lassen Sie jede Gruppe ihren eigenen Leiter wählen. Dann diskutieren Sie das Thema „Geburtenregelung".

**2.** Bereiten Sie einen Dialog vor, zwischen einem Pfarrer oder Priester, der streng gegen jede künstliche Form der Geburtenregelung eingestellt ist, und einem jungen Menschen, der den entgegengesetzten Standpunkt vertritt. Lassen Sie jeden der beiden Vertreter ihre Standpunkte ernst und intelligent vertreten.

**3.** Schreiben Sie einen Aufsatz, in dem Sie objektiv über das Thema „Geburtenregelung" sprechen und überzeugende Argumente für beide Seiten anführen.

**4.** Schreiben Sie einen Aufsatz, in dem Sie Ihren eigenen persönlichen Standpunkt über das Thema „Geburtenregelung" vertreten.

# 19. Die Schwangerschafts-unterbrechung

# *Abortion*

## A. Allgemeines

## General Vocabulary

**1.** Die junge Frau erwartet ein uneheliches Kind.

*The young woman is expecting an illegitimate child.*

**2.** Die Frau ist schwanger, aber sie will ihr Kind nicht (austragen).

*The woman is pregnant but she does not want (to give birth to) her child.*

**3.** Sie befindet sich in anderen Umständen.

*She is pregnant.*

**4.** Nach der Untersuchung (dem Test) war sie sicher, daß sie ein Kind erwartete.

*After the physical examination she was certain that she was expecting a child.*

**5.** Die junge Frau kommt zum Arzt, um sich die Schwangerschaft unterbrechen zu lassen.

*The young woman comes to the doctor to have an abortion.*

**6.** Eine Operation wird ihrer Schwangerschaft ein Ende machen.

*An operation will terminate her pregnancy.*

**7.** Sie will sich den unerwünschten Nachwuchs abtreiben lassen.

*She wants to have an abortion to get rid of the unwanted child.*

**8.** Frau F. will das Kind nicht haben, weil ihr Mann nicht genug Geld verdient, um eine Familie zu unterstützen.

*Mrs. F. does not want (to have) the child because her husband does not earn enough to support a family.*

**9.** Eine junge Frau sprach in der Praxis von Dr. B. mit der Bitte vor, ihr die medizinische Notwendigkeit einer Schwangerschaftsunterbrechung zu bescheinigen.

*A young woman came to the office of Dr. B. with the request that he certify that it was medically necessary for her to have an abortion.*

**10.** Eine Studentin erklärte, daß sie während eines LSD-Rausches ohne ihre Zustimmung geschwängert worden sei und daß sie das Kind nicht haben wolle.

*A (girl) student explained that she had become pregnant without her consent during a "trip", and that she didn't want to have the child.*

**11.** Eine Studentin, die Rauschgift eingenommen hatte, glaubte, daß der Fötus stark geschädigt worden sei und daß dadurch die Geburt eines unnormalen Kindes zu befürchten sei.

*A (female) student, who had taken drugs, believed that the fetus had been seriously damaged and that the birth of an abnormal child was therefore to be feared.*

## B. Gesetzliches und Medizinisches

## Judicial and medical terminology

**1.** In unserem Land ist eine Schwangerschaftsunterbrechung grundsätzlich durch das Gesetz verboten.

*In our country abortion is as a general rule forbidden by law.*

**2.** Ein illegaler Eingriff kann mit einer Zuchthausstrafe (Geldstrafe) bestraft werden.

*An illegal operation may be punished by a jail sentence (fine).*

**3.** Eine Frau, die sich einer Schwangerschaftsunterbrechung unterzieht, macht sich nach dem Gesetz strafbar und kann zu einer Gefängnisstrafe verurteilt werden.

*A woman who has an abortion becomes punishable under the law and may be sentenced to a prison term.*

**4.** Die Zahl der illegalen Abtreibungen in der Bundesrepublik wird auf jährlich eine Million geschätzt.

*The number of illegal abortions in the German Federal Republic is estimated to be one million annually.*

**5.** Auf rund 15 000 wird die Zahl der Frauen in Deutschland geschätzt, die jährlich an den Folgen einer Abtreibung sterben.

*The number of women in Germany who die annually from the consequences of an abortion is estimated to be about 15,000.*

**6.** In manchen Ländern ist die Schwangerschaftsunterbrechung nur aus medizinischen Gründen straffrei möglich.

*In some countries an abortion is legally permissible only for medical reasons.*

**7.** Gesetzlich ist eine Schwangerschaftsunterbrechung nur gestattet (auch nicht erlaubt), wenn eine ernste Gefahr für das Leben und die Gesundheit der Mutter besteht.

*Legally an abortion is only permitted (is not even permitted) when a serious danger to the life and health of the mother exists.*

**8.** Die Schwangerschaft darf (nicht) unterbrochen werden, <u>wenn die Frau ein uneheliches Kind erwartet.</u>

*Abortion is (not) permissible when the woman expects an illegitimate child.*

wenn die Frau das Opfer eines Notzuchtverbrechens ist.

wenn die Frau vergewaltigt worden ist.

*when the woman is the victim of rape.*

*when the woman has been raped.*

wenn man annehmen muß, daß Leben oder Gesundheit des Kindes in Gefahr ist.

*when one must assume that the life or health of the child is in danger.*

**9.** Einige Länder, wie England und Schweden, haben eine großzügigere Rechtsauffassung als Deutschland.

*Some countries such as England and Sweden have a more liberal legal attitude than Germany.*

**10.** Im Jahre 1967 hat das englische Parlament ein liberales Abtreibungsgesetz verabschiedet.

*In the year 1967 the English Parliament passed a liberal abortion law.*

**11.** Ein liberales Gesetz erleichtert die Unterbrechung von Schwangerschaften.

*A liberal law makes abortion easier.*

**12.** Das Gesetz gestattet jeder Frau, eine unerwünschte Schwangerschaft völlig legal unterbrechen zu lassen, wenn nach dem Urteil von zwei Ärzten ihr Leben oder ihre körperliche und seelische Gesundheit gefährdet ist.

*The law permits every woman to have an undesired pregnancy terminated completely legally if, according to the judgment of two doctors, the life or the physical or mental health of the woman is in danger.*

**13.** Der ärztliche Eingriff darf auch dann vorgenommen werden, wenn das Leben oder die Gesundheit der bereits geborenen Kinder bedroht ist.

*The operation may also be performed if the life or health of the children who have already been born is threatened.*

**14.** Unter dem Gesetz kann eine kinderreiche Familie mit geringem Einkommen behaupten, daß ein weiterer Esser die Gesundheit der schon geborenen Kinder beeinträchtigen könnte.

*Under the law, a family with many children and a low income may claim that another mouth to feed could adversely affect the health of the children who have already been born.*

**15.** Eine Frau, die ein uneheliches Kind erwartet, kann versichern, daß die Verachtung und Verspottung der Mitbürger ihre seelische Gesundheit zerstören würde.

*A woman who is expecting an illegitimate child may claim that the contempt and scorn of her fellow citizens would destroy her mental health.*

**16.** Der ärztliche Eingriff ist in England zulässig, wenn die Fortsetzung der Schwangerschaft für die körperliche oder seelische Gesundheit der Patientin riskanter ist als eine Abtreibung.

*An operation is permissible in England when the continuation of pregnancy is riskier for the physical and mental health of the patient than an abortion.*

**17.** Gesetzlich zulässig ist ein ärztlicher Eingriff auch dann, wenn ein begründeter Verdacht vorliegt, daß das entstehende Kind durch körperliche oder geistige Abnormalitäten schwer behindert werden könnte.

*An operation is also legally permissible when there is reason to suspect that the child, when born, might be seriously impaired by physical or mental abnormalities.*

**18.** In unserem Staat darf selbst ein verkrüppelter Embryo oder das bei einem Notzuchtverbrechen gezeugte Kind nicht abgetrieben werden.

*In our state, even a crippled embryo or a child conceived as a result of rape may not be aborted.*

## C. Moralische Argumente

## Moral arguments

**1.** Wegen der hohen Kosten—eine offiziell vorgenommene Schwangerschaftsunterbrechung ist eine teure Angelegenheit—können sich oft nur die bemittelten Leute leisten, nach England oder Schweden zu fahren.

*Because of the high cost—a legal abortion is a very expensive matter—only people with means can afford to travel to England or Sweden.*

**2.** Wenn die Abtreibung heimlich von einem unerfahrenen Arzt oder gar von einem Kurpfuscher ausgeführt wird, ist sie sehr gefährlich und kann zu schweren Gesundheitsschäden oder gar zum Tode der Mutter führen.

*If the abortion is performed in secret by an inexperienced doctor or even a quack, it is extremely dangerous and can lead to severe impairment of the health or even to the death of the mother.*

**3.** Manche Leute führen Vernunftsgründe an, um die ethischen Einwände abzuschwächen. Ihnen erscheint es unvernünftiger, zehn Kinder in elenden Umständen großzuziehen, wenn man statt dessen drei Kinder einigermaßen gut ernähren, kleiden und ausbilden könnte.

*Some people cite rational reasons in order to weaken the ethical objections. It seems to them much less reasonable to rear 10 children in poverty when one could instead feed, clothe, and educate three children fairly well.*

**4.** Außer moralischen Argumenten für oder gegen die Schwangerschaftsunterbrechung gibt es soziale, medizinische und rechtliche.

*Besides moral arguments for or against abortion, there are social, medical and judicial ones.*

**5.** Ein Mitglied des Parlaments behauptete, daß die hohe Zahl heimlicher, oft lebensgefährlicher Abtreibungen dadurch gesenkt werden müsse, daß man der Frau das Recht zuspricht, sich die Schwangerschaft ärztlich unterbrechen zu lassen.

*A member of Parliament maintained that the high number of secret, often life-endangering abortions, must be lowered by giving women the right to have an abortion by a physician.*

**6.** Dr. C. erklärte, daß das Verbot, die Schwangerschaft zu unterbrechen, die verbrecherischen Geschäfte von Hintertreppen-Abtreiberinnen und Kurpfuschern fördere.

*Doctor C. explained that the prohibition of abortion furthers the criminal activities of back-room abortionists and quacks.*

**7.** In unserer Gesellschaft bestehen gegen die Mutter eines außer der Ehe geborenen Kindes sowie für das uneheliche Kind selbst so große Vorurteile, daß ein eng gefaßtes Gesetz für beide unerträgliche Belastungen mit sich bringt.

*In our society there are such great prejudices against the mother of an illegitimate child as well as against the child (born out of wedlock), that a narrowly interpreted law means intolerable burdens for both.*

**8.** Das Argument, daß jeder das Recht haben muß, über seinen Körper und seine Kinderzahl selber zu bestimmen, ist für viele (nicht) überzeugend.

*The argument that everyone must have the right to decide what to do with his own body, and to determine the number of children he will have is (is not) convincing for many.*

**9.** Bei der Frage, ob eine Schwangerschaftsunterbrechung nötig ist, steht dem Arzt mehr Urteil zu als dem Juristen.

*Regarding the necessity of an abortion, the judgment of the doctor should be respected more than that of the lawyer.*

**10.** Nach der 22. Woche sind die meisten Ärzte kaum noch zu einem Eingriff bereit, und nach der 28. Woche halten sie es für lebensgefährlich.

*Most doctors are not willing to perform an operation after the 22nd week, and after the 28th week they consider it dangerous.*

**11.** Nach der 28. Woche grenzt der Eingriff an Kindermord.

*After the 28th week the operation borders on infanticide.*

**12.** Die katholische Kirche betrachtet die Abtreibung als Verbrechen.

*The Catholic Church considers abortion a crime.*

**13.** Die Kirche steht auf dem Standpunkt, daß jede Abtreibung vom Moment der Zeugung ein Mord ist.

*The Church holds the point of view that every abortion, from the moment of conception on, is murder.*

**14.** Die Kirche verbietet auch die Anwendung von Verhütungsmitteln zur Verhinderung einer Schwangerschaft.

*The Church also forbids the use of contraceptives to prevent pregnancy.*

**15.** Viele Ärzte stimmen mit dem katholischen Argument überein, daß Abtreibung gleichbedeutend mit Töten sei.

*Many doctors agree with the Catholic argument that an abortion is the same as killing.*

**16.** Andere Ärzte geben zu bedenken, daß überall Leben vernichtet wird, daß zum Beispiel bei jeder Ejakulation Tausende von Samenzellen sterben.

*Other doctors advance the argument that everywhere life is destroyed. For example, thousands of sperm cells die with every ejaculation.*

## Suggested Exercises

**I.** Fertigen Sie zwei Listen an. Auf der einen Liste führen Sie alle Argumente an, die eine Schwangerschaftsunterbrechung unterstützen und auf der anderen alle die Argumente, die dagegen sprechen.

**2.** Unterteilen Sie die oben unter I. angeführten Argumente in gesetzliche, medizinische und moralisch-religiöse Standpunkte.

**3.** Bereiten Sie einen Dialog vor, zwischen einem Gegner und einem Befürworter der Schwangerschaftsunterbrechung. Lassen Sie jeden der beiden intelligente Argumente für seine Position anführen.

**4.** *Diskussion am runden Tisch:* Lassen Sie einige Studenten folgende Rollen übernehmen: a) konservativer Theologe, b) Jurist, c) Arzt, d) Politiker, der vorsichtig sein muß und sich nicht auf eine Position festlegen darf, e) junges Ehepaar. Wählen Sie einen Diskussionsführer, der an jeden der Diskutanten ein paar Fragen stellt, so daß diese ihren Standpunkt klarmachen können. Dann lassen Sie die restlichen Studenten Fragen an jeden der Teilnehmer stellen.

# 20. Die Organverpflanzung  *Transplantation of Organs*

## A. Allgemeines

## General Vocabulary

**1.** In der modernen Medizin werden immer häufiger Organe von Toten auf Lebende verpflanzt.

*In modern medicine, organs are transplanted from the dead to the living more and more frequently.*

**2.** Führende Chirurgen behaupten, daß die Organverpflanzung technisch kein Problem mehr ist.

*Leading surgeons maintain that technically the organ transplant is no longer a problem.*

**3.** Die Organverpflanzung ist ein ziemlich neues Gebiet für die Ärzte.

*Transplantation of organs is a rather new field for doctors.*

**4.** Eine Herzverpflanzung ist eine schwierige Operation.

*A heart transplant is a difficult operation.*

**5.** Verpflanzungen sind in Südafrika, den USA, England, Kanada und Europa vorgenommen worden.

*Transplants have been performed in South Africa, the United States, England, Canada, and Europe.*

**6.** Die erste Herzverpflanzung wurde von Professor Barnard in Südafrika vorgenommen (ausgeführt).

*The first heart transplant was performed (carried out) by Professor Barnard in South Africa.*

**7.** Besonders in den USA wird Pionierarbeit auf dem Gebiete der Organverpflanzung (Herz-Chirurgie) geleistet.

*Especially in the United States pioneer work is being done in the field of organ transplants (heart surgery).*

**8.** Der Chirurg Dr. Danton Cooley von der Baylor Universitätsklinik in Houston, Texas, hat mehr als 5000 Operationen am Herzen vorgenommen und zählt zu den erfahrensten Herzchirurgen der Welt.

*The surgeon Dr. Danton Cooley of the Baylor University Clinic in Houston, Texas, has performed more than 5,000 heart operations and is one of the most experienced heart surgeons in the world.*

**9.** Mehrere Dutzend Menschen haben bereits ein fremdes (neues) Herz bekommen.

*Several dozen people have already received someone else's (a new) heart.*

**10.** Bei einer Verpflanzung wird das verbrauchte Organ (Herz) des Patienten gegen das gesunde eines Spenders ausgewechselt. Der Spender ist meistens ein gesunder Mensch, der in einem Unfall getötet wurde.

*In a transplant the faulty (or worn-out) organ (heart) of the patient is exchanged for the healthy one of the donor. The donor is usually a healthy human being who was killed in an accident.*

**11.** Ein 54-jähriger Mann erhielt das Herz einer 22-jährigen Frau, die an einer Gehirnblutung gestorben war.

    eines 19-jährigen jungen Mannes, der Selbstmord begangen hatte.

*A 54-year old man received the heart of a 22-year old woman who had died of a brain hemorrhage.*

    *of a 19-year old man who had committed suicide.*

**12.** Eine Organ-Übertragung ist nicht immer erfolgreich, aber die Aussichten für die Zukunft sind günstig.

*An organ transplant is not always successful, but the prospects for the future are favorable.*

**13.** Bei einer Nierenverpflanzung sind die Aussichten, eine Operation auf ein Jahr zu überleben, besser als bei einer Herzverpflanzung.

*In a kidney transplant the prospects of a patient surviving for a year after the operation are better than in a heart transplant.*

**14.** Die Ärzte sagen, daß es nicht genug Spender gibt.

> daß die reservierte Haltung der Bevölkerung gelockert werden muß.

*Doctors say that there are not enough donors.*

> *that the conservative attitude of the public must be liberalized.*

**15.** Die Ärzte sagen, daß sich Menschen bereit erklären sollen, der Medizin ihre inneren Organe zur Verpflanzung zu schenken.

> daß es weder genug geeignete Spender noch genug funktionsbereite Kliniken gibt.

*Doctors say that people ought to agree to donate their internal organs to the medical profession for transplantation.*

> *that there are neither enough suitable donors nor enough hospitals equipped to perform transplants.*

**16.** Nur wenige Menschen stellen im Falle ihres Todes ihre Organe zur Verfügung.

*Only a few people make their organs available in the event of their death.*

**17.** Viele Menschen fürchten, sie könnten früher sterben, weil man ihre Organe braucht.

*Many people are afraid that they might die sooner because someone needs their organs.*

**18.** Manche sind beunruhigt, denn sie glauben, daß die Ärzte Experimente machen.

*Some are upset because they believe that the doctors are experimenting.*

**19.** Die Chirurgen erklären, daß eine Operation (Organverpflanzung) nur vorgenommen wird, wenn keine andere Aussicht mehr besteht, den Patienten am Leben zu erhalten.

*The surgeons explain that an operation (an organ transplant) is only performed when there is no longer any hope that the patient can be kept alive.*

**20.** Kein Chirurg würde es riskieren, das Leben eines Menschen zu verkürzen.

*No surgeon would risk shortening the life of a human being.*

**21.** Patienten, denen ein neues Herz eingepflanzt werden soll, werden erst dann operiert, wenn es für sie keine andere Möglichkeit mehr gibt, am Leben zu bleiben.

*Patients who are supposed to receive a new heart are only operated on when there is no other possibility for keeping them alive.*

**22.** Das Organ eines Spenders wird erst dann herausoperiert, wenn der Tod festgestellt werden kann.

*The organ of a donor is removed only when death can be confirmed.*

**23.** Ein großes Problem ist die Abwehrreaktion des Körpers gegen ein fremdes Organ.

*The rejection reaction of the body toward an alien organ is a great problem.*

**24.** Das fremde Gewebe wird häufig vom Körper abgestoßen.

*The foreign tissue is frequently rejected by the body.*

**25.** Der Körper stößt das Fremdgewebe ab.

*The body rejects the foreign tissue.*

**26.** Die Herzverpflanzungen haben Mediziner, Theologen und Philosophen zu heftigen Diskussionen angeregt.

*Heart transplantations have stimulated heated discussions among medical doctors, theologians and philosophers.*

## B. Operationskosten

## The Cost of the Operation

**1.** Eine Organverpflanzung ist sehr kostspielig (kostet sehr viel Geld).

*An organ transplant is very expensive (costs a lot of money).*

**2.** Dr. Barnard schätzt die Kosten für die ersten 115 Tage, die sein Patient Dr. Blaiberg im Krankenhaus war, auf rund 34 000 Dollar.

*Dr. Barnard estimates the cost for the first 115 days during which his patient Dr. Blaiberg was in the hospital at about $34,000.*

**3.** In den USA übernehmen private und staatliche Organisationen, die für Forschungszwecke gegründet worden sind, die Kosten.

*In the United States, private and government organizations which have been founded for research purposes bear the expense of (or pay for) these operations.*

**4.** An amerikanischen Universitätskliniken betrachten die Ärzte eine Organverpflanzung als Forschungsarbeit und verlangen keine Bezahlung.

*Doctors at American university hospitals regard an organ transplant as research work and do not ask for payment.*

**5.** In England trägt die staatliche Gesundheitsfürsorge die Kosten für eine Operation.

*In England, the government health service pays for the operation.*

## C. Verhütung einer Herzkrankheit

## Prevention of Heart Disease

**1.** Viele Menschen stellen die Frage, wie sich eine Herzkrankheit (ein Herzanfall) verhüten läßt.

*Many people ask (the question) how heart disease (a heart attack) can be prevented.*

**2.** Wissenschaftliche Forschungen (Studien/Untersuchungen) haben bewiesen, daß die Ernährung bei der Verhütung von Herzkrankheiten eine wichtige Rolle spielt.

*Scientific research (studies/investigations) has (have) proved that diet plays an important role in the prevention of heart disease.*

**3.** Der Laie will genau wissen, was er tun kann (wie er leben soll), um eine Herzkrankheit zu vermeiden.

*The layman wants to know exactly what he can do (how he is supposed to live) in order to avoid heart disease.*

**4.** Spezialisten haben Regeln zur Verhütung und Behandlung von Herzkrankheiten aufgestellt.

*Specialists have established rules for the prevention and treatment of heart disease.*

**5.** Die oberste Regel ist, keine tierischen Fette zu essen.

*The first rule is not to eat any animal fats.*

**6.** Wenn irgend möglich, soll man keine tierischen (gesättigten) Fette essen.

*If at all possible, one should not eat any animal (saturated) fats.*

**7.** Man soll tierische Fette möglichst durch pflanzliche Fette und Öle ersetzen.

*One should replace animal fats, as much as possible, with vegetable fats and oils.*

**8.** Man soll wenig cholesterinreiche Nahrungsmittel zu sich nehmen, also möglichst keine Butter, kein Schmalz, Eigelb, Schweinefleisch, Hirn und keinen Talg essen.

*One should eat very little food that is rich in cholesterol, that is to say, if possible, no butter, lard, egg yolk, pork, brains or tallow.*

**9.** Man soll auf sein Gewicht achten und bei Übergewicht die Kalorienaufnahme reduzieren.

*You have to watch your weight and reduce the calorie intake when you're overweight.*

**10.** Es wird allgemein geraten, das Gewicht, das man mit 25 Jahren hat, sein Leben lang zu bewahren.

*Generally it is advisable to maintain the same weight that one has at 25 years of age for one's entire life.*

**11.** Erhöhter Blutdruck ist ein verantwortlicher Faktor für Herzinfarkt.

*High blood pressure is a major cause of heart attack.*

**12.** Starkes Zigarettenrauchen und übermäßiges Trinken von Alkohol haben eine ungünstige Wirkung auf den Herzkranken.

*Heavy cigarette smoking and immoderate drinking of alcohol have an unfavorable effect on people with heart disease.*

**13.** Menschen, die zu wenig körperliche Bewegung haben oder die einem zu großen Druck (wie zum Beispiel Hetze, Angst, seelischem Druck, Liebeskummer, großer Enttäuschung, Eheproblemen, Überarbeitung, Wettereinflüssen, Infektionskrankheiten wie starken Erkältungen und Grippe) ausgesetzt sind, sind für Herzkrankheiten anfällig.

*People who have too little physical exercise or who are subjected to extreme pressure ( as for example constant rushing, fear, mental stress, love problems, severe disappointment, marital problems, overwork, weather influences, infectious diseases like severe colds and flu) are susceptible to heart disease.*

**14.** Menschen, die zu wenig körperliche Bewegung haben, sind anfälliger als solche, die regelmäßig durch körperliche Anstrengung ins Schwitzen geraten.

*People who get too little physical exercise are more susceptible than people who regularly exert themselves physically to the point of perspiring.*

**15.** Menschen, die einem zu großen Druck ausgesetzt sind, sind anfälliger als solche, die furchtlos, gelassen und heiter durchs Leben gehen.

*People who are under great pressure are more susceptible than people who go through life without anxiety, calmly and cheerfully.*

**16.** Ein ehrgeiziger, pflichtbewußter und strebsamer Mensch, der sehr aktiv ist, große Mengen von Zigaretten konsumiert, gern schnelle Autos fährt, keine Cocktailparty verpaßt und prinzipiell jegliches Abreagieren emotionaler Spannungen unterdrückt, ist ein ziemlich sicherer Kandidat für einen Herzanfall.

*An ambitious, conscientious and industrious man, who is very active, smokes large quantities of cigarettes, likes to drive fast cars, doesn't miss a cocktail party, and as a matter of principle suppresses all urges to let off emotional tensions, is a very likely candidate for a heart attack.*

# Suggested Exercises

1. Schreiben Sie eine kurze Geschichte der Organverpflanzung, in der Sie berichten, warum Organverpflanzungen notwendig sind, wann, wo und von wem Verpflanzungen vorgenommen worden sind, was die augenblickliche Situation ist und wie die Zukunft aussieht.

2. Schreiben Sie einen Dialog zwischen einem Zeitungsreporter, der einen namhaften Chirurgen interviewt. Der Reporter stellt dem Arzt eine Reihe von Fragen über die Schwierigkeiten, die Kosten, die Gefahren, die technischen und moralischen Aspekte usw. einer Herzverpflanzung.

3. Sie haben einen medizinischen Vortrag besucht, in dem ein bekannter Arzt über das Thema: „Wie man eine Herzkrankheit verhüten kann" sprach. Berichten Sie a) in direkter und b) in indirekter Rede, was gesagt wurde.

4. *Debatte:* Debattieren Sie das Thema: „Organverpflanzungen, Gefahr oder Segen für die Menschheit?" Teilen Sie die Klasse in zwei Gruppen auf, eine, die für Organverpflanzungen und eine, die dagegen ist. Lassen Sie jede Gruppe etwa fünfzehn Minuten lang untereinander diskutieren und Material für ihren Standpunkt sammeln. Dann kann jede Gruppe zwei Sprecher wählen, die das Thema diskutieren oder die einfach die Ergebnisse berichten können.

# Vocabulary

Since each sentence in the topic section is translated into English, the only words included in this vocabulary are those which in the judgment of the authors are beyond basic German and require special attention. Only those meanings appearing within the text are listed here.

Nouns are cited with a letter to indicate gender: r=**der**, s=**das**, e=**die**. Only the nominative plural is given in parentheses. If the plural is the same as the nominative singular, the sign (-) appears after the noun. If a plural is unusual or lacking, no information or sign in parentheses is listed. A noun designated as *weak (wk.)* has **-(e) n** in all cases except the nominative singular. A noun designated as *adjective (adj.)* takes the endings of an adjective.

Verbs that have "separable prefixes" are designated by (-). Forms for strong verbs are not listed.

Expressions or idioms related to an entry are included within that entry.

# A

**ab-blenden** to turn the headlights on low beam

r **Abfahrtslauf (·:e)** the downhill (ski) run

**ab-fangen** to catch, defend

**ab-fertigen** to process, take care of

r **Abhang (·:e)** slope

**ab-heben** to withdraw

s **Abitur** final comprehensive examination in high school

**ab-sagen** to cancel (a date)

e **Abschaffung (-en)** abolition

**ab-schalten** to turn off

r **Abschleppdienst** towing service

**ab-schleppen** to tow (away)

**ab-schmieren** to lubricate

**absehbar** within sight, foreseeable; **in absehbarer Zeit** within a measurable space of time, in a short time, within the foreseeable future

**ab-setzen** to deduct; **von der Steuer absetzen** to deduct from taxes

e **Absetzung (-en)** dismissal, release

e **Absicht (-en)** intention

**absichtlich** intentional

**ab-sprechen** to deny; **jemandem das Wahlrecht absprechen** to deny a person the right to vote

r **Abstand (·:e)** distance; **Abstand halten** to keep one's distance

**ab-stoßen** to reject

s **Abteil (-e)** compartment

**ab-treiben** to abort

e **Abtreibung (-en)** abortion

e **Abwandlung (-en)** variation

**ab-wehren** to defend, ward off

e **Abwehrreaktion (-en)** rejection reaction

e **Abzahlung (-en)** instalment; **auf Abzahlung kaufen** to buy on the installment plan

r **Abzug (·:e)** deduction

e **Ahnenforschung (-en)** genealogical research

e **Aktentasche (-n)** briefcase

**aktuell** current, topical, of current interest

r **Amateurfunker (-)** ham operator

**an-fahren** to run into

**anfällig** susceptible, predisposed

**an-feuern** to cheer on

**angeln** to fish

**anpassungsfähig** adaptable

e **Anpassungsfähigkeit (-en)** adaptability

**an-pfeifen** to blow the starting whistle

**an-regen** to stimulate

**an-schaffen** to buy, purchase

r **Anschluß (·:e)** (telephone) connection

**an-schnallen** to fasten, buckle

**an-schreiben** to charge

e **Ansicht (-en)** view, position; **die Ansicht vertreten** to hold the view . . .

e **Ansichtskarte (-n)** picture postcard

**an-springen** to start, ignite

r **Anspruch (·:e)** claim: **in Anspruch nehmen** to use, to occupy; **hohe Ansprüche stellen an** to make great demands of

**anspruchsvoll** pretentious, exacting, fussy

**an-stecken** to infect

**ansteckend** communicable (disease), infectious

e **Anstellung (-en)** position, job

e **Anwendung (-en)** application, use

e **Anzeige (-n)** newspaper ad; traffic ticket

**apart** exquisite, charming; singular

e **Apotheke (-n)** apothecary, drugstore where only medicines are sold

r **Apotheker (-)** pharmacist

r **Apparat (-e)** telephone, telephone extension

**arbeitsunfähig** unable to work

e **Arznei (-en)** medicine

s **Atemgerät (-e)** breathing apparatus

s **Attest (-e)** prescription; certificate

r **Aufenthalt (-e)** stop

**auf-geben** to give up

**auf-holen** to catch up, close the gap

**auf-laden** to recharge (a battery)

**auf-legen** to hang up (the telephone receiver)

e **Auflehnung (-en)** revolution, opposition

**auf-schließen** to catch up

**auf-setzen** to print

r **Aufstand (·:e)** uprising

**auf-stellen** to field, put up; **eine Mannschaft aufstellen** to field a team

e **Aufwertung** upward re-evaluation; revalorization

r **Aufwind (-e)** upward current (wind)

e **Ausdauer** perseverance, endurance, stamina
e **Ausgabe (-n)** expense; edition
**ausgefallen** unusual, unique
**ausgestattet** furnished, equipped; **ausgestattet mit** equipped with
**aus-gleichen, (sich)** to complement each other
**aus-lösen** to precipitate
r **Auspuff (-e)** exhaust (of a car)
**aus-richten** to give a message
s **Ausrufezeichen (-)** exclamation mark
**aus-schalten** to turn off
r **Ausschlag (¨e)** rash
**aus-spannen** to relax
**aus-stellen** to make out; **einen Scheck ausstellen** to make out a check
**aus-üben** to perform
e **Ausübung (-en)** exercise, practice, performance; **an der Ausübung beteiligt sein** to take part in the performance
s **Auswärtsspiel (-e)** road game
**aus-weichen** to avoid, get out of the way of
e **Automatisierung (-en)** automation
r **Autoschlosser (-)** auto mechanic

### B

r **Bahnbeamte (-n), ein -r** (*adj.*) railroad official
s **Bankkonto (-s)** bank account
**bargeldlos zahlen** to pay by check or credit card
r **Barren (-)** parallel bars
r **Barscheck (-s)** negotiable check
**basteln** to work on a hobby, tinker, make things
**bedauern** to regret
e **Bedienung** service; personnel
**beeinträchtigen** to affect adversely, impair
s **Befinden** (state of) health
e **Befriedigung** satisfaction
**befürworten** to be in favor of, advocate, support
r **Befürworter (-)** proponent
**begrenzt** limited
**beheben** to fix, repair
e **Bekanntmachung (-en)** announcement
e **Belastung (-en)** burden, weight
**belaufen, sich (auf + *acc.*)** to amount (to)
**belegen** to occupy

**belegt** coated (tongue)
**beleidigen** to insult
**belesen** well-read
e **Beleuchtung (-en)** lighting, electric power
**bemittelt** rich, affluent
r **Beratungsausschuß (¨e)** advisory committee
e **Bereitschaftspolizei** (police) riot squad
r **Berichterstatter (-)** reporter
r **Berufspieler (-)** professional player
r **Bescheid** information, instruction, answer; **Bescheid bekommen** to be informed, receive word, be notified
**beschlagnahmen** to confiscate
e **Beschwerde (-n)** pain, ailment, complaint
e **Beseitigung (-en)** removal
s **Besetztzeichen** busy signal
**besitzanzeigend** possessive
e **Bestleistung (-en)** best performance
e **Bestrahlung (-en)** radiation treatment
**bestreichen** to paint
e **Betäubung (-en)** anesthetic
**beteuern** to protest; **die Unschuld beteuern** to protest one's innocence
**betreiben** to engage in; **Sport betreiben** to engage in sports
r **Betriebswirt (-e)** business manager
**bewaffnet** armed
**bewahren** to keep, preserve
**bewerben: sich bewerben um (eine Stellung)** to apply for (a position)
**bewußtlos** unconscious
r **Bezirk (-e)** area, precinct
r **Bierdeckel (-)** beer-glass coaster
r **Bildschirm (-e)** picture screen (TV)
s **Blatt (¨er)** page, leaf
r **Blinddarm** appendix
e **Blinddarmentzündung (-en)** appendicitis
r **Blumenzüchter (-)** floriculturist
r **Bock (¨e)** short-vaulting horse
s **Bodenturnen** floor exercises
e **Bremse (-n)** brake
e **Briefmarke (-n)** postage stamp
e **Brieftaube (-n)** carrier pigeon
r **Buchhalter (-)** bookkeeper
r **Büstenhalter (-)** brassiere

### C

e **Charaktereigenschaft (-en)** character trait
r **Chirurg (-en)** (*wk.*) surgeon

## D

**Dame spielen** to play checkers
e **Darmkrankheit** intestinal disease
r **Dekan (-e)** dean
**Diskussion auslösen** to precipitate discussion
r **Dolmetscher (-)** interpreter
**dringend** urgent, pressing
**drohen** to threaten
**drosseln** to choke
e **Durchfahrt** transit
e **Durchreise** transit; **auf der Durchreise sein** to be in transit
**durch-stellen** to connect a call
e **Düsenmaschine (-n)** jet airplane

## E

e **Ehrfurcht** respect
**ehrgeizig** ambitious
e **Eigenschaft (-en)** quality, attribute, characteristic
s **Eigentum** property
e **Eignung** qualification; aptitude
**ein-buffen** to dent
r **Eindruck (ːe)** impression
**ein-führen** to import
r **Eingriff (-e)** (medical) intervention, operation
**ein-hängen** to hang up (the telephone)
**ein-kaufen** to shop
r **Einkaufsleiter (-)** purchasing agent
s **Einkommen (-)** income
e **Einkünfte** (*pl.*) income
**ein-liefern (in)** to admit (to); to admit to a hospital
**ein-nehmen** to take internally, to take medicine
**ein-renken** to set (an arm or leg, etc.)
e **Einrichtung (-en)** institution; apparatus, gadget
**ein-schalten** to turn on
**ein-stellen** to engage, employ; **eingestellt sein (gegen)** to be opposed to
**ein-tauschen** to exchange
**eintönig** monotonous
r **Einwand (ːe)** objection
**ein-weisen** to assign to a room

r **Einwurf (ːe)** throw-in (soccer)
e **Einzelheit (-en)** detail
**ein-ziehen** to draft into the armed forces; **jemand ins Heer einziehen** to draft someone into the army
e **Elf** soccer team, the eleven (players)
r **Empfang (-e)** reception
s **Empfehlungsschreiben (-)** letter of recommendation
**empfindsam** sensitive
**entgegengesetzt** opposite
**entladen** to unload; **die Batterie ist entladen** the battery is run down
**entreißen** to take away, to tear away
**entscheiden** to decide; **das Spiel ist entschieden** the (outcome of the) game is decided (clear)
**entschließen, sich** to decide, make up one's mind
r **Entschuldigungsbrief (-e)** letter of apology
e **Entspannung** relaxation
e **Erdbeere (-n)** strawberry
e **Erdnuß (ːe)** peanut
s **Ergebnis (-se)** result
e **Erholungskur (-en)** rest cure
**erklären, sich** to declare oneself; **sich bereit erklären** to agree
**erkundigen: sich erkundigen (nach)** to inquire (about)
r **Erlaß (-e)** edict, decree
**erläutern** to explain
**erleiden** to suffer
**ernähren** to feed
e **Ernährung** nourishment, food, nutrition
s **Erntedankfest** Thanksgiving
e **Errichtung (-en)** erection, establishment
e **Erstausgabe (-n)** first edition
**erträumen: sich erträumen von** to expect of, to hope for in your dreams
e **Erziehung** education
r **Erzrivale (-n)** (*wk.*) arch rival

## F

r **Fabrikant (-en)** (*wk.*) factory owner
r **Facharzt (ːe)** medical specialist
e **Fachschule (-n)** specialized training, trade school

**fahren** to go, travel, drive; **per Anhalter fahren** to hitchhike

e **Fahrschule (-en)** driving school

**fassen** to seize; to conceive, understand; to hold, contain; **einen Plan fassen** to scheme, conceive a plan

r **Feldmesser (-)** surveyor

s **Fernamt (¨er)** long-distance telephone operator (*or* office)

r **Fernsehansager (-), Fernsehansagerin (-nen)** *fem.* television announcer

r **Fernsehkurs (-e)** TV course

**fest-stellen** to confirm, establish, declare

e **Feuerwehr (-en)** fire engine, firemen

e **Feuerwehrleute** (*pl.*) firemen

e **Flimmerkiste (-n)** "glimmer box" (TV)

e **Flugkanzel (-n)** cockpit

e **Forschungsarbeit (-en)** research work, research paper

r **Fortschritt (-e)** progress

**fort-setzen** to continue

e **Fortsetzung (-en)** continuation

r **Freistoß (¨e)** free kick

s **Freizeichen** the ring (of the telephone on the other end)

s **Frostschutzmittel (-)** anti-freeze

r **Führerschein (-e)** driver's license

r **Fünfkampf** pentathlon

s **Funken** amateur or ham radio operating

s **Fürwort (¨er)** pronoun

e **Genesung (-en)** recovery (from illness)

s **Gepäcknetz (-e)** luggage rack

**gepflegt** well-groomed

s **Gerät (-e)** set, tool, apparatus

**geraten** to come to, to get to; **ins Schleudern geraten** to go into a skid

s **Geräteturnen** gymnastics with apparatus

s **Gericht (-e)** court of law; dish, meal

**gesättigt** saturated

r **Geschäftsbrief (-e)** business letter

e **Geschlechtskrankheit (-en)** venereal disease

r **Geschlechtsverkehr** sexual intercourse

s **Gesetz (-e)** law

s **Gespräch (-e)** (telephone) call, conversation; **ein Gespräch umlegen** to transfer a call

**gestatten** to permit, allow

e **Gesundheitsfürsorge** Dept. of Health and Welfare, health care

e **Gewalttat (-en)** act of violence

s **Gewebe (-)** cell tissue

e **Gewerbeschule (-n)** trade school

e **Gewerkschaft (-en)** trade union

r **Gipsverband (¨e)** (plaster) cast

r **Grenzschutz** border patrol

r **Grenzzwischenfall (¨e)** border incident

e **Grippe** influenza, flu

**großzügig** generous

s **Grüne** the outdoors

## G

r **Gang (¨e)** gear; corridor

e **Geburtenregelung (-en)** birth control

**gefährden** to endanger

e **Gefährtin (-nen)** female companion

**gefaßt** calm, quiet, collected

e **Gegenwart** presence; present tense

s **Gehalt (¨er)** salary

e **Gehaltserhöhung (-en)** salary raise

r **Geheimbund (¨e)** secret organization

e **Geige (-n)** violin

**gelassen** calm, even

s **Geld** money; **eine Stange Geld** a tidy little sum

**gellend** shrill, piercing

s **Gemütsleben** mental health, emotional life

**genesen** to get well, recover

## H

**haben** to have; **es klein haben** to have change

e **Haftpflichtversicherung** liability insurance

r **Haifisch (-e)** shark

**Halma spielen** to play Chinese checkers

r **Hammerwurf (¨e)** hammer throw

r **Handball** field handball

r **Handelsvertreter (-)** commercial agent

**hantieren (an)** to fidget (with); work (on)

**heftig** strong, violent

s **Heilbad (¨er)** health resort

s **Heimspiel (-e)** home game

s **Heiratsinserat (-e)** want ad for a husband or wife; **ein Heiratsinserat aufgeben** to put a "marriage ad" in the paper

**heiter** serene, fair, bright, cheerful, gay

**herein-legen** to cheat; **jemanden herein-legen** to "take" someone

r **Hergang (ᵕe)** course of events, proceedings

r **Herzinfarkt (-e)** heart attack

e **Herzverpflanzung (-en)** heart transplant

e **Hetze (-n)** hurry, rush

**hingebungsvoll** devoted

r **Hintertreppen-Abtreiber** back-room (*lit.* backstairs) abortionist

e **Hochachtung** respect

r **Hochbetrieb** intense activity, rush, bustle; **es herrscht Hochbetrieb** it is bustling, there is a lot of activity, there is a rush

**hocken** to squat; **vor dem Fernseher hocken** to be "glued" to the TV

e **Höhensonne** Alpine sun, radiation

**humpeln** to limp

r **Husten** cough

**husten** to cough

# I

e **Idiotenlaterne (-n)** "boob tube" (TV)

e **Illustrierte (-n)** illustrated magazine

# J

s **Jagen** hunting

e **Jugendherberge (-n)** youth hostel

r **Jurist (-en)** (*wk.*) lawyer

# K

e **Kartei (-en)** file

e **Karteikarte (-n)** file card

r **Kegel (-)** bowling pin

**kegeln** to bowl

r **Keilriemen (-)** fan belt

s **Kennzeichen (-)** distinguishing mark; auto license plate

r **Keuchhusten** whooping cough

e **Kippe** up-start, kip (gymnastics)

e **Kiste (-n)** box, crate

r **Kittel (-)** work coat, uniform

r **Klimmzug (ᵕe)** pull-up

e **Klingel (-n)** (door) bell

**knapp** "tight", scanty, scarce

r **Kofferraum** trunk (of car)

r **Kommilitone (-n), Kommilitonin (-nen)** *fem.* fellow student

r **Kontoauszug (ᵕe)** bank statement

r **Korbball** basketball

s **Korbballspiel (-e)** basketball game

e **Kosten** (*pl.*) expenses, costs

**kostspielig** expensive

r **Kotflügel (-)** fender

e **Krankenkasse (-n)** medical insurance company

r **Krankenschein (-e)** medical insurance form

**kreisen** to circle

e **Krücke (-n)** crutch

e **Kugel (-n)** ball, sphere, shot put

s **Kugelstoßen** shot put(ting)

e **Kunstgewerbeschule (-n)** school of arts and crafts

e **Kupplung (-en)** clutch

r **Kurpfuscher (-)** quack (in medicine)

r **Kurzwellenempfänger (-)** short-wave receiver

# L

r **Laie (-n)** (*wk.*) layman

e **Landesfarbe (-n)** national flag

r **Landwirt (-e)** farmer

**langwierig** protracted, lengthy

**lästig** burdensome, troublesome, annoying

e **Latte (-n)** bar, cross-bar

r **Lauf (ᵕe)** run, race; **im Laufe** in the course of

r **Lebenslauf (ᵕe)** curriculum vitæ

**ledig** single

e **Lehne (-n)** back of a chair

r **Lehrkörper** teaching faculty

**lehrreich** instructive

e **Leibesübung (-en)** gymnastics, physical exercise

e **Leibesvisite (-n)** bodily check, bodily search

e **Leichtathletik** track and field (events)

**leichtsinnig** thoughtless, careless

**leisten** to perform, do

**leisten, sich** to afford

e **Leitung (-en)** (telephone) line

e **Lenkung** steering

s **Leseheft (-e)** magazine (things to read in a doctor's office)

e **Liebhaberei (-en)** hobby
e **Liga (Ligen)** league, athletic conference
r **Linksaußen (-)** left forward, outside left (soccer)
r **Lockenwickler (-)** curler
  **lockern** to liberalize, loosen
e **Lohnsteuer (-n)** income tax
e **Lücke, (-n)** (small) space
e **Luftveränderung (-en)** change of climate
e **Lungenentzündung (-en)** pneumonia

### M

r **Magen (ː)** stomach
e **Mandelentzündung (-en)** tonsilitis
e **Marine** navy
e **Massenkundgebung (-en)** mass meeting
e **Mehrheit (-en)** majority
e **Miene (-n)** facial expression
e **Miete (-n)** rent
e **Minderheit (-en)** minority
e **Mißachtung (-en)** disregard
r **Mißstand (ːe)** evil, grievance, poor condition
r **Mittelstand (ːe)** middle class
e **Möbel** (*pl.*) furniture
e **Münze (-n)** coin

### N

e **Nachfrage (-n)** inquiry
r **Nachteil (-e)** disadvantage
r **Nachweis (-e)** proof, evidence
r **Nachwuchs** the younger (or coming) generation
e **Nahrungsmittel** (*pl.*) food
  **naturverbunden** fond of nature
r **Nenner (-)** denominator; **auf einen gemeinsamen Nenner bringen** to find a common denominator for, to determine what they have in common
r **Nerz (-e)** mink
s **Notzuchtverbrechen (-)** rape (*legal term*)
  **nüchtern** sober, temperate

### O

e **Ohnmacht** fainting spell, swoon
  **ohnmächtig** faint, unconscious, weak, swooning

s **Opfer (-)** victim
  **örtlich** local

### P

e **Panne (-n)** breakdown; **Reifenpanne** flat tire
e **Parkgebühr (-en)** parking fee
e **Parkuhr (-en)** parking meter
r **Paß (ːe)** passport
e **Pension (-en)** boardinghouse; retirement pay
r **Pkw (-s) (Personenkraftwagen)** passenger car
r **Pfarrer (-)** priest, minister
s **Pferd (-e)** long-vaulting horse (gymnastics)
s **Pflaster (-)** pavement; bandaid
r **Pflasterstein (-e)** cobblestone
  **pflichtbewußt** conscientious
  **platzen** to blow out, burst
e **Plünderung (-en)** plunder, looting
e **Praline (-n)** chocolate cream
  **prallen** to bounce, bound; **prallen (auf)** to bang (into)
e **Praxis** (medical) practice, doctor's office; **in der Praxis vorsprechen** to call on the doctor, to go to the doctor's office
  **pumpen** to borrow, "hit" (for money)

### Q

e **Quittung (-en)** receipt

### R

s **Radfahren** bicycling
  **randalieren** to cause trouble, riot, kick up a row
e **Rate (-n)** installment, payment; **auf Raten kaufen** to buy on credit
s **Rauschgift (-e)** narcotic (drug), dope
r **Rechtsanwalt (ːe)** lawyer
e **Rechtsauffassung (-en)** legal interpretation, legal attitude, conception
s **Reck** horizontal bar
r **Redakteur (-e)** editor
e **Redaktion** editor's office, editorial staff
  **regelmäßig** regular

r **Reifen (-)** tire
s **Reisebüro (-s)** travel agency
r **Reisepaß (¨e)** passport
e **Reklame (-n)** advertisement
e **Rente (-n)** old-age pension
s **Rezept (-e)** prescription; recipe
r **Richter (-)** judge
r **Rinnstein** curb
s **Rodeln** sleighing, sledding, tobogganing
s **Rollschuhlaufen** roller skating
**röntgen** to X-ray
e **Röntgenaufnahme (-n)** X-ray (picture)
**rücksichtslos** reckless
s **Rückspiel (-e)** return match
e **Rüstung (-en)** armament, war machinery

### S

r **Saal (¨e)** hall, (hospital) ward
r **Sachschaden (¨)** material damage
e **Samenzelle (-n)** seed, sperm
e **Schallplatte (-n)** phonograph record
r **Schalter (-)** (ticket) counter
r **Scheinwerfer (-)** headlight, searchlight
e **Scheune (-n)** barn
r **Schiedsrichter (-)** referee
**schimpfen** to insult, curse, rail against
**schlaff** soft
r **Schlagbaum (¨e)** customs barrier
r **Schlager (-)** hit song
r **Schläger (-)** (tennis) racket
r **Schlittschuh (-e)** skate (ice); **Schlittschuh laufen** to (ice) skate
**schlucken** to swallow, to take (a pill)
r **Schluß (¨e)** end, conclusion; **zum Schluß kommen** to come to the conclusion
s **Schmalz (-e)** lard
r **Schmetterling (-e)** butterfly
r **Schüttelfrost** chills from fever
s **Schutzmittel (-)** means of protection, contraceptive
**schwanger sein** to be pregnant
e **Schwangerschaft (-en)** pregnancy
**schwindlig** dizzy
s **Schwitzen** perspiration
r **Seegang** (rough) sea, motion of the sea; **hoher Seegang** rough sea, high waves
r **Selbstmord (-e)** suicide
r **Selbstwähldienst** direct distance dialing

r **Sicherheitsgurt (-e)** safety belt
e **Sicherung (-en)** fuse
**spannend** exciting, tense
e **Spannung (-en)** tension, excitement
e **Sperre (-n)** ticket gate
s **Sperrgebiet (-e)** restricted area
e **Spesen** (pl.) expense account
**Sport treiben** to exercise, participate in sports
e **Sportkanone (-n)** super-athlete, "big gun"
e **Sprechstunde (-n)** (doctor's) office hours
e **Sprechstundenhilfe (-n)** receptionist (in a doctor's office), medical assistant, nurse
s **Sprechzimmer (-)** doctor's office
e **Spritze (-n)** (medical) shot, injection, needle
e **Staatsangehörigkeit (-en)** citizenship
r **Staatsbeamte (-n), ein -r** (adj.) government official
r **Stabhochsprung (¨e)** pole vault
r **Stacheldrahtzaun (¨e)** barbed-wire fence
e **Staffel (-n)** relay
r **Staffellauf (¨e)** relay race
r **Stammbaum (¨e)** family tree
r **Standpunkt (-e)** point of view; **einen Standpunkt vertreten** to hold a point of view; **einen Standpunkt festlegen** to outline a point of view
s **Stechen** sharp pains
s **Steckenpferd (-e)** hobby (horse); **auf dem Steckenpferd herumreiten** to constantly talk about one's hobby
**steil** straight up, steep
s **Steuer (-)** steering wheel
e **Steuer (-n)** tax
r **Steuermann (¨er)** cockswain, helmsman
r **Stich (-e)** sharp pain
e **Stichprobe (-n)** spot-check
**stoßen** to push, put
e **Stoßstange (-n)** bumper
r **Strafstoß (¨e)** penalty kick
r **Strand** beach
r **Straßenzustandsbericht (-e)** report on road conditions
**strebsam** eager, ambitious
r **Streifenwagen (-)** police squad car
r **Strom** electricity, electric current
r **Studentenberater (-)** student adviser
r **Stürmer (-)** forward (in soccer)
e **Sünde (-n)** sin

# T

e **Tagesordnung** agenda; **auf der Tages-ordnung stehen** to be on the agenda for the day

r **Talg (-e)** tallow

r **Tankwart (-e)** service-station attendant **tauchen** to dive

r **Tausch (-e)** trade, exchange

r **Tonknopf (:e)** volume button

s **Tor (e-)** goal

r **Torpfosten (-)** goal post

s **Trabrennen (-)** trotting race

r **Treffpunkt (-e)** the meeting place (for a date)

s **Treibstoffsystem (-e)** fuel system

e **Truhe (-n)** trunk, chest; **Fernsehtruhe** TV console

# U

**übel** evil, ill, bad; sick

**überein-stimmen (mit)** to agree with

**übergeben, sich** to vomit

**übergehen** to pass by, miss

**überleben** to survive

**übermäßig** immoderate

**übernehmen** to take over, bear; **die Kosten übernehmen** to bear the expense

e **Übertragung (-en)** (radio or TV) transmission

**überzeugen** to convince

**überzeugend** convincing

**überziehen** to overdraw

**übrig haben** to have left; **nichts übrig haben für** to dislike

**um-gehen (mit)** to manage

**um-satteln** to switch, to change profession, studies or sides

r **Umschlag (:e)** compress

r **Umstand (:e)** circumstance; **in anderen Umständen sein** to be pregnant

s **Umtauschverhältnis (-se)** exchange rate

**unbedeutend** insignificant

**unbefriedigt** dissatisfied

e **Unbespielbarkeit** lack of fitness for playing

**unehelich** illegitimate (birth)

**unentschieden** undecided, tied (game)

**unerträglich** intolerable, unbearable

**ungedeckt** not covered, bounced (check)

**ungeduldig** impatient

e **Ungenauigkeit (-en)** inaccuracy

**ungerecht** unjust

**unregelmäßig** irregular

r **Unruhestifter (-)** trouble maker, agitator

**unterlassen** to omit, neglect, fail to do

r **Unterleib (-er)** abdomen

**unverbindlich** without obligation

**unverzollt** duty-free

**unvorschriftsmäßig** improper, against the regulations

**unzureichend** insufficient

r **Urlaub** vacation

e **Ursache (-n)** cause

# V

**verabreden, sich** to make a date

e **Verabredung (-en)** date; **eine Verabredung treffen** to make a date

**verabschieden** to pass (a law), to retire (a person); **ein Gesetz verabschieden** to pass a law

e **Verachtung** disdain, contempt

**veranlassen** to cause

e **Veranstaltung (-en)** event, meeting

**verantwortlich** responsible

r **Verbandkasten (:)** first-aid kit

**verbauen** to obstruct

**verbieten** to forbid

**verbraucht** used up, consumed

s **Verbrechen (-)** crime

**verbrecherisch** criminal

r **Verdacht** suspicion

**verdächtig** suspicious

**verdutzt** perplexed, astonished

r **Verein (-e)** club

e **Verfassung (-en)** constitution; physical condition

**verfassungswidrig** unconstitutional

r **Verfechter (-)** proponent, defender, spokesman

e **Verfügung (-en)** rule, order, command; **zur Verfügung stehen** to have at one's disposal; **zur Verfügung stellen** to make available, to donate

e **Vergangenheit** past; past tense

**vergeben** to give away, to pardon; **ich bin vergeben** I (already) have a date
**vergewaltigen** to rape
e **Vergewaltigung (-en)** rape, violence
**vergöttern** to idolize, adore
**verhaften** to arrest
s **Verhör (-e)** examination, interrogation
**verhüten** to prevent
e **Verhütung (-en)** prevention
s **Verhütungsmittel (-)** contraceptive
r **Verkaufsleiter (-)** sales manager
**verkrachen, sich** to have an argument
**verkrüppelt** crippled
**verläßlich** dependable
**verlaufen (an)** to run alongside
**verlegen** to transfer, remove
**verletzen** to hurt
**vermeiden** to avoid
**verordnen** to prescribe
**verpassen** to miss
**verpflanzen** to transplant
r **Verrechnungsscheck (-s)** non-negotiable check (for deposit only)
**verrenken** to sprain
**verrenkt** sprained
**versagen** to refuse, deny; to misfire, not start, fail
e **Verschärfung (-en)** intensification
**versetzen** to transfer; to move on; **sich in die Lage versetzen** to place oneself in the position of
e **Versicherung (-en)** insurance
**versperren** to bar, block, barricade
e **Verspottung (-en)** derision, scoffing
**verständigen** to notify
r **Vertrag (ːe)** contract
**vertragen** to endure, stand; to agree with (food)
**verträglich** easy to get along with
r **Vertreter (-)** representative
**verunglücken** to have an accident
**verursachen** to cause
**verwählen, sich** to dial the wrong number
**verweigern** to deny, forbid
**verwickeln** to involve; **jemanden verwickeln in** to involve someone in
**verwirklichen** to materialize, realize
**verzollbar** subject to duty
**verzollen** to pay duty
s **Visum (***pl.* **Visen)** visa

r **Volkswirt (-e)** economist
**voraussichtlich** probably, presumably
e **Vorfahrt** right-of-way
r **Vorfall (ːe)** incident
r **Vorgang (ːe)** course of events, occurrence
**vor-nehmen** to perform, carry out, to undertake, take up; **die Zollkontrolle vornehmen** to make a check at the border
r **Vorort (-e)** suburb
r **Vorschein** appearance; **zum Vorschein bringen** to bring to light; **zum Vorschein kommen** to come to light
**vor-schlagen** to propose
e **Vorschrift (-en)** direction, regulation
r **Vorsitz** presidency, chairmanship; **den Vorsitz führen** to preside
**vor-sprechen** to call on
**vor-stellen, sich** to imagine; **sich jemandem vorstellen** to introduce oneself to someone
e **Vorstellung (-en)** mental image, conception
r **Vorteil (-e)** advantage
r **Vortrag (ːe)** lecture, recital; **einen Vortrag halten** to give a lecture
**vorübergehend** for a time, passing, transitory
s **Vorurteil (-e)** prejudice
e **Vorwählnummer (-n)** area code

# W

r **Wageninsasse (-n)** (*wk.*) occupant of a car, passenger
s **Wahlrecht (-e)** right to vote
s **Wählzeichen** dial tone
**wahren** (*archaic*) to preserve, protect
e **Wechselstube (-n)** (money) exchange office
r **Wehrdienst** service in the armed forces
e **Wendung (-en)** formulation, turn
r **Werbefachmann (ːer)** advertising specialist
r **Werkstudent (-en)** (*wk.*) student who works part-time
**Wertpapiere** (*pl.*) securities
**wetten** to bet
**wirksam** effective
e **Wunde (-en)** wound

## Z

r **Zebrastreifen (-)** pedestrian lane
r **Zehnkampf** decathlon
r **Zeuge (-n)** (*wk.*) witness
  **zeugen** to testify; to procreate
e **Zeugung (-en)** creation, procreation
  **ziehen** to pull; to move
r **Zoll (¨e)** customs, customs duty

r **Zollbeamte (-n), ein -r** (*adj.*) customs official
  **zollfrei** duty-free
  **zollpflichtig** subject to duty
e **Zuchthausstrafe (-n)** term in the penitentiary
  **zulässig** permissible
e **Zündkerze (-n)** sparkplug
  **zuverlässig** dependable